Serbisch für absolute Anfänger

Jasmina Pavković

Serbisch für absolute Anfänger

... kinderleicht für Erwachsene

Lehrbuch

Schmetterling Verlag

Bibliografische Informationen der Deutschen Nationalbibliothek
Die Deutsche Nationalbibliothek verzeichnet diese Publikation in der Deutschen Nationalbibliografie; detaillierte Daten sind im Internet über http://dnb.d-nb.de abrufbar.

Die Audioaufnahmen zum Lehrbuch finden Sie in Form eines kostenpflichtigen MP3-Downloads unter: www.schmetterling-verlag.de

Schmetterling Verlag GmbH
Libanonstr. 72A
70184 Stuttgart
www.schmetterling-verlag.de
Der Schmetterling Verlag ist Mitglied von aLiVe.

ISBN 3-89657-973-8
1. Auflage 2024
Printed in Bulgaria

Satz und Reproduktionen: Schmetterling Verlag
Druck: Multiprint, Kostinbrod

Inhalt

Die Audioaufnahmen zum Lehrbuch finden Sie in Form eines kostenpflichtigen MP3-Downloads unter: www.schmetterling-verlag.de

Vorwort

Serbisch für absolute Anfänger ist ein zweisprachiges Lehrwerk, das aus **Lehrbuch**, **Übungsbuch** und **MP3-Download** (**kostenpflichtig** herunterzuladen unter www.schmetterling-verlag.de) besteht. Es wurde sowohl für das Selbstlernen als auch für den Einsatz im Unterricht konzipiert und richtet sich an deutschsprachige Erwachsene, die Serbisch als Fremdsprache lernen oder als Erstsprache auffrischen möchten. Neben dem Erlernen der Sprache bietet das Lehrwerk zahlreiche Möglichkeiten die serbische Mentalität und Kultur kennenzulernen und kann somit als Wegweiser bei touristischen Reisen dienen.

Lernziele und Schwerpunkte

Das Hauptziel dieses Lehrwerks ist die Entwicklung einer soliden, dem Lernniveau **A1** und der Zielgruppe angemessenen Kommunikationsfähigkeit. Um dies zu erreichen, wird besonderer Wert auf folgende Punkte gelegt:

- Schulung des **Hör-**, **Seh-** und **Leseverstehens**
- Vermittlung der Lese- und Schreibfähigkeit in **zwei** Schriften: Kyrillisch und Latein
- **ausgewogenes** Verhältnis von Sprachrezeption und Sprachproduktion
- Förderung der mündlichen und schriftlichen Sprachproduktion in **frühen** Unterrichtsphasen
- explizite **Grammatikvermittlung**
- enge Verknüpfung von Lexik- und Grammatikarbeit
- Einbeziehung **landeskundlicher** und **unterhaltender** Inhalte

Struktur

Lehrbuch

Es ist in **vier Module** mit jeweils **fünf Lektionen** eingeteilt. Die ersten drei Module sind in **lateinischer** und das letzte ist in **kyrillischer** Schrift verfasst. Nach jedem Modul folgt ein kurzer **Landeskundetest**. Im Anhang befinden sich ein **Lösungsschlüssel** sowie ein **Vokabelverzeichnis**. Darüber hinaus enthält das Buch zwei gesonderte Lektionen: die **Vorlektion**, in der eine kurze Beschreibung der Sprache und des Landes erfolgt, und eine **Zwischenlektion** mit einer Einführung ins kyrillische Alphabet.

Wie sind die Lektionen strukturiert?

Jede Lektion (abgesehen von den o.g. Zusatzlektionen) fängt mit einem **Einführungsteil** an, in dem die wichtigsten Kommunikationsziele und die dazugehörigen sprachlichen Wendungen aufgeführt werden.

Daran schließt sich ein **Dialog** mit deutscher Übersetzung an, der die Lernenden mit gesprochenem Serbisch vertraut macht und zugleich einen guten Einblick in unterschiedliche Aspekte der serbischen Lebensart verschafft.

Des Öfteren finden sich in Fußnoten Verweise auf **Lieder** und die dazugehörigen Interpreten: Diese dienen dazu, zum einen die angesprochenen Themen bzw. Redewendungen musikalisch zu untermalen und zum anderen den Lernenden einen Einblick in die Vielfalt der serbischen Musiklandschaft zu geben, da man sich alle Titel auf YouTube anhören kann.

In der Rubrik **Wörterliste** sind alle neuen Wörter der Lektion alphabetisch sortiert und ins Deutsche übersetzt. An den erforderlichen Stellen werden sprachlich-stilistische Hinweise sowie Beispielsätze angegeben.

Darauf folgen vollständige und prägnant konzipierte Grammatikerklärungen, die anhand von einprägsamen Beispielen und Querverweisen zur deutschen Grammatik verdeutlicht werden. Alle Erklärungen sind in deutscher Sprache verfasst und erscheinen unter der Bezeichnung **Grammatik im Überblick**.

Der anschließende Lektionsteil **Aufgaben** enthält Sprech- bzw. Schreibübungen, wie Dialogvariationen, Rollenspiele, Einladungen, Glückwünsche uvm. Dabei wird zwischen Aufgaben für die **Arbeit im Unterricht** und zum **Selbstlernen** unterschieden.

Den Abschluss einer jeden Lektion bildet eine nähere Behandlung der im Dialog bereits angesprochenen **landeskundlichen** Themen.

Übungsbuch

Hier können die Lernenden selbst aktiv werden und das neu erworbene Vokabel-/Grammatikwissen üben und vertiefen. Drei Tests bieten die Möglichkeit zur Überprüfung des Lernfortschritts. Sämtliche Lösungen befinden sich im Anhang.

MP3-Download

Abgerundet wird das Lehrwerk durch einen MP3-Download, der neben den Dialogen auch Aussprache- und Konversationsübungen sowie Übungen zum Hörverstehen enthält. Er kann kostenpflichtig auf der Website des Verlags heruntergeladen werden:

www.schmetterling-verlag.de

Viel Erfolg beim Lehren und Lernen wünschen Ihnen
Autorin und Verlag

Abkürzungen

Akk.	Akkusativ
arab.	arabisch
Bsp.	Beispiel
bzw.	beziehungsweise
ca.	circa
Dat.	Dativ
dial.	dialektal
dt.	deutsch
f	feminin
fr.	französisch
Gen.	Genitiv
hl.	heilig
Inst.	Instrumental
lat.	lateinisch
Lok.	Lokativ
m	maskulin
männl.	männlich

n	neutral
Nr.	Nummer
o.g.	oben genannt
österr.	österreichisch
P.	Person
pers.	persisch
Pl.	Plural
serb.	serbisch
Sg.	Singular
s.o.	siehe oben
s.u.	siehe unten
türk.	türkisch
u.a.	unter anderem
ugs.	umgangssprachlich
z.B.	zum Beispiel
z.T.	zum Teil

Anmerkung des Verlages

Am 17. Februar 2008 proklamierte das Parlament der damaligen Autonomen Region Kosovo und Metochien die Unabhängigkeit des Territoriums von Serbien. Spätestens seit diesem Tag ist der völkerrechtliche Status des «Kosovo» umstritten.
Wir haben versucht, in dieses Buch keinerlei politische Wertungen einfließen zu lassen. Nur wo dies absolut nicht möglich war, haben wir uns der in der Zielsprache dieser Materialien, also Serbisch, vorherrschenden Begrifflichkeiten und Definitionen bedient.
Dieses Vorgehen dient der Authentizität der Vermittlung von Kultur und Sprache und ist ausdrücklich nicht als Präferenz für eine der entgegengesetzten Sichtweisen in diesem Konflikt zu verstehen.

Republika Srbija (Republik Serbien) ist ein demokratischer Staat im Südosten Europas. Er liegt auf der Balkanhalbinsel und grenzt an acht Staaten: im Norden an **Ungarn**, im Süden an **Nordmazedonien** und **Albanien**, im Osten an **Rumänien** und **Bulgarien**, im Westen an **Bosnien** und **Herzegowina** und **Kroatien** und im Sudwesten an **Montenegro**. Hauptstadt und Metropole des Landes ist **Belgrad**, weitere bedeutende Städte sind **Novi Sad**, **Niš**, **Kragujevac** und **Subotica**. Das Land hat (ohne Kosovo) etwa 7 Millionen Einwohner, von denen sich mehr als 80% als Serben bezeichnen. Die Amtssprache ist Serbisch und die offizielle Währung ist der serbische Dinar.

Das Staatsgebiet des heutigen Serbien wird in drei Teile untergliedert: in **Zentralserbien**, auch **Engeres Serbien** genannt, in **Autonome Provinz Vojvodina** und **Autonome Provinz Kosovo** und **Metochien**, die zum einen in der serbischen Verfassung als integraler Teil Serbiens bezeichnet wird, sich aber zum anderen als Republik Kosovo für unabhängig erklärt hat.

Centralna Srbija (Zentralserbien) ist die Bezeichnung für das Territorium der Republik Serbien, das sich außerhalb der Autonomen Provinzen befindet. Es bildet den größten Teil des Landes und wird direkt von der serbischen Regierung mit Sitz in Belgrad verwaltet. Das Gebiet ist mehrheitlich von Serben bewohnt; im südlichen Teil leben Minderheiten wie Bosniaken, Roma, Albaner und Walachen.

Autonomna pokrajina Vojvodina (Autonome Provinz Vojvodina) liegt im Norden des Landes. Administrativer Sitz und die bevölkerungsreichste Stadt ist Novi Sad. Vojvodina hat etwa 2 Millionen Einwohner und ist die Heimat vieler verschiedener Volksgruppen: Neben Serben leben hier als anerkannte Minderheiten Ungarn, Slowaken, Rumänen, Kroaten, Ruthenen, Roma, Bunjewatzen, Deutsche, Tschechen und Bulgaren. Wegen ihres sehr fruchtbaren Bodens wird die Provinz als Kornkammer Serbiens bezeichnet.

Autonomna pokrajina Kosovo i Metohija (Autonome Provinz Kosovo und Metochien) umfasst den südlichsten Teil des Landes und besteht aus zwei Großlandschaften: Kosovo Polje (Amselfeld) im Osten und Metochien im Westen. Die größte Stadt und zugleich Verwaltungssitz der Provinz ist Priština. Einst die Kernregion des serbischen Staates, wird Kosovo heute mehrheitlich von ethnischen Albanern bewohnt. Seit der einseitigen Unabhängigkeitserklärung und Abspaltung von Serbien im Jahre 2008 ist sein völkerrechtlicher Status nach wie vor umstritten; von 193 UN-Mitgliedsstaaten erkennen mind. 99 Kosovo als selbstständigen Staat an (tatsächliche Anzahl uneindeutig, Stand 2023[1]); die anderen Länder sehen die einseitig proklamierte Unabhängigkeit als rechtswidrig und betrachten Kosovo weiterhin als serbische Provinz.

Srpski jezik (die serbische Sprache) gehört zum südslawischen Zweig der indogermanischen Sprachfamilie. Sie wird weltweit von etwa 12 Millionen Menschen gesprochen, von denen ca. 6,7 Millionen in Serbien und weitere 5 Millionen im Ausland leben. Serbisch ist die Amtssprache von Serbien und in Bosnien und Herzegowina sowie Montenegro eine der offiziellen Sprachen. In Ländern wie Rumänien, Ungarn, Nordmazedonien, Tschechien, der Slowakei und Kroatien genießt es den Status einer Minderheitensprache. Es ist außerdem die einzige Standardsprache Europas, die über zwei Schriftsysteme verfügt: das Kyrillische, das im offiziellen Gebrauch eingesetzt, und das Lateinische, das parallel zum Kyrillischen im Alltag verwendet wird.

Izgovor i pismo (Aussprache und Schreibweise): Das lateinische Alphabet heißt im Serbischen *latinica* und das kyrillische *ćirilica*. Beide bestehen aus jeweils 30 (unterschiedlich geordneten) Buchstaben, wobei jeder Buchstabe exakt einem Laut entspricht und nur eine Aussprachevariante hat. So wird z.B. das /s/ im Deutschen wie ein [s] im *Gast*, wie ein [z] im Sonne oder ein

1 s. dazu «Anerkennung und Rücknahme der Anerkennung des Kosovo», Kap. 4, https://www.bundestag.de/resource/blob/959762/7a60849ea44b6ac970b0c844369863c4/WD-2-038-23-pdf-data.pdf, abgerufen am 26.9.2023

[ʃ] im *Sport* ausgesprochen, während das /s/ im Serbischen, unabhängig von der lautlichen Umgebung, nur als [s] ausgesprochen werden kann. Nach diesem Prinzip der lautgetreuen Orthographie werden auch Fremdwörter und ausländische Eigennamen behandelt. Beispiele: Das Wort *Blitzkrieg* wird im Serbischen als *blickrig* und der Name *Stefan Zweig* als *Štefan Cvajg* geschrieben.

Vergleicht man das serbische lateinische Alphabet mit dem deutschen, zeigen sich viele Übereinstimmungen, aber auch einige Unterschiede, die man wie folgt zusammenfassen kann:

1. Einige Buchstaben des deutschen Alphabets sind im Serbischen nicht vorhanden:

Q, q	X, x	Y, y	ß, ß	Ä, ä	Ö, ö	Ü, ü

2. Einige Buchstaben des serbischen Alphabets sind im Deutschen nicht vorhanden:

- Buchstaben mit diakritischen Zeichen:

Č, č	Ć, ć	Đ, đ	Š, š	Ž, ž

- Doppelbuchstaben, die wie ein Laut ausgesprochen werden:

Dž, dž	Lj, lj	Nj, nj

In der nachfolgenden Tabelle werden die Buchstaben des serbischen Alphabets, die im Deutschen nicht existieren, mit blauer Farbe markiert.

Auch in der Rechtschreibung gelten im Serbischen teilweise andere Regeln: Eine konsequente Großschreibung ganzer Wortklassen, wie im Deutschen des Nomens, kennt das Serbische nicht. Groß geschrieben werden grundsätzlich Wörter am Anfang des Satzes, Eigen- und Ländernamen, Nationalitätsbezeichnungen sowie Anreden.

Das serbische Alphabet in lateinischer Schreibweise

Druckschrift	Lautschrift	Beschreibung	Beispiele (auf Deutsch, Italienisch, Französisch)
A, a	[a]	wie deutsches *a*	**A**nne, **a**lt
B, b	[b]	wie deutsches stimmhaftes *b*	**B**auer, **b**aden
C, c	[ts]	wie deutsches z	**Z**immer, **Z**eit
Č, č	[tʃ]	wie deutsches *tsch*	**Tsch**echisch
Ć, ć	[tɕ]	wie *c* im Italienischen	**C**iao!
D, d	[d]	wie deutsches stimmhaftes *d*	**D**anke, **d**enken
DŽ, dž	[dʒ]	wie deutsches *dsch*	**Dsch**ungel
Đ, đ	[dʑ]	wie *g* im Italienischen	**G**iovanni
E, e	[ɛ]	wie deutsches offenes e	**e**cht, G**e**ld
F, f	[f]	wie deutsches *f*	**F**enster, o**f**t
G, g	[g]	wie deutsches stimmhaftes *g*	**G**eburt, **g**lauben
H, h	[ç]	wie *ch*, weniger aspiriert als im Deutschen	Kra**ch**, ma**ch**en
I, i	[i]	wie deutsches *i*	**i**ch, l**i**nks
J, j	[j]	wie deutsches *j*	**J**ena, **J**apan
K, k	[k]	wie *k*, weniger aspiriert als im Deutschen	**K**laus, **k**latschen
L, l	[l]	wie *l*, dumpfer als im Deutschen	**L**aut, **L**and
LJ, lj	[ʎ]	wie *gl* im Italienischen	ta**gl**iatelle
M, m	[m]	wie deutsches *m*	**M**utter, **m**alen
N, n	[n]	wie deutsches *n*	**N**ase, **n**iesen
Nj, nj	[ɲ]	wie *gn* im Italienischen	lasa**gn**e
O, o	[ɔ]	wie deutsches offenes *o*	Sp**o**rt, b**o**xen
P, p	[p]	wie deutsches *p*	**P**ost, **p**assieren
R, r	[r]	wie *r* im Schweizerdeutschen	gsw. Grüezi!

S, s	[s]	wie deutsches stimmloses *s* oder *ß*	Ga**s**t, Stra**ß**e
Š, š	[ʃ]	wie deutsches *sch* oder *s*	**Sch**weden, **S**port
T, t	[t]	wie *t*, weniger aspiriert als im Deutschen	**T**eil, **t**reiben
U, u	[u]	wie deutsches *u*	B**u**s, k**u**rz
V, v	[ʋ]	wie deutsches *w*	**W**ein, **w**ohnen
Z, z	[z]	wie deutsches stimmhaftes *s*	**S**onne, **s**ein
Ž, ž	[ʒ]	wie *j* im Französischen	**J**ournal

Lektion 1

Ćao (Hallo!)

H1

In der ersten Lektion lernen Sie auf Serbisch zu grüßen sowie sich selbst und andere vorzustellen:

Ćao!
Hallo!

Dobro jutro!
Guten Morgen!

Dobar dan!
Guten Tag!

Dobro veče!
Guten Abend!

Ja sam (Marko).
Ich bin (Marko).

Ovo je (Sanja).
Das ist (Sanja).

H2

Lernen Sie nun folgende BewohnerInnen Belgrads kennen, von denen Sie einigen in diesem Lehrwerk öfters begegnen werden.

Dobro jutro!
(Guten Morgen.)

Moje ime je Ana.
(Mein Name ist Ana.)

Ovo je muž Nikola.
(Das ist mein Mann Nikola.)

Dobar dan!
(Guten Tag.)

Ja se zovem Nemanja, a ovo je moja žena Milica.
(Ich heiße Nemanja, und das ist meine Frau Milica.)

Dobro veče!
(Guten Abend.)

Ja sam Zorica Ćirić.
(Ich bin Zorica Ćirić.)

Ovo je gospodin Ilić.
(Das ist Herr Ilic.)

H3

Wörterliste

Serbisch	Deutsch
a	und
biti	sein
Ja sam Marko.	Ich bin Marko.
ćao	hallo
dan *m*	Tag
Dobar dan!	Guten Tag!
dobar, dobra, dobro	gut
drug *m*, drugarica *f*	Freund, in
gospodin *m*, gospođa *f*	Herr, Frau (Dame)
ime *n*	Name
ja	ich

Serbisch	Deutsch
jutro *n*	Morgen
Dobro jutro!	Guten Morgen!
moj, moja, moje	mein, meine
muž *m*	Mann
ovo / to	das
ti	du
veče *n*	Abend
Dobro veče!	Guten Abend!
zvati se	heißen
Ja se zovem Nemanja.	Ich heiße Nemanja.
žena *f*	Frau

➲ Grammatik im Überblick

I. Nomen

Nominativ (Singular)

Der Nominativ ist der erste der sieben Fälle des Serbischen. Er bildet die Grundform des Nomens und kann mithilfe der Nachfrage **ko**? (wer?) oder **šta**? (was?) erfragt werden.

Ko je to? – To je moj muž.
Šta je to? – To je telefon.

Da das Serbische keine Artikel kennt, lassen sich die Unterschiede im Genus und anderen grammatischen Kategorien grundsätzlich an den Endungen erkennen.

Maskuline Nomen enden in der Regel auf einen Konsonanten.		
mu**ž** (Mann)	dru**g** (Freund)	gospodi**n** (Herr)
Feminine Nomen enden in der Regel auf ein **-a**.		
žen**a** (Frau)	drugaric**a** (Freundin)	gospođ**a** (Frau, Dame)
Neutrale Nomen enden in der Regel auf ein **-e** oder ein **-o**.		
det**e** (Kind)	več**e** (Abend)	jutr**o** (Morgen)

2. Verb

Verb *biti* im Präsens (Singular)

Das Verb biti ist ein unregelmäßiges Verb. Seine Formen sollten auswendiggelernt werden.

Sg.	1.	ja **sam**	ich bin
	2.	ti **si**	du bist
	3	on, ona, ono **je**	er, sie, es ist

➲ Aufgaben

Arbeit im Unterricht

1. **Befragen Sie sich gegenseitig!**
   A: Kako se zoveš? (Wie heißt du?) B: Ja se zovem ..., a ti? A: Ja sam ...

2. **Stellen Sie sich und Ihren Sitzpartner / Ihre Sitzpartnerin vor!**
   Ja sam ... / Moje ime je ... Ovo je ...

Arbeit für Selbstlerner

H4

1. **Hören und antworten Sie!**
   A: Kako se zoveš? B: . . . . .

2. **Stellen Sie nun sich und und einen Ihrer Freunde vor!**

➲ Landeskunde

Beograd (Belgrad, übersetzt *Weiße* Stadt) ist die Hauptstadt und zugleich die größte Stadt der Republik Serbien. Sie liegt am Zusammenfluss von Save und Donau, an der Schnittstelle zwischen Mittel- und Südosteuropa. Nebst zahlreichen Sehenswürdigkeiten, die von einer bewegten Vergangenheit zeugen, hat Belgrad eine kreative Kulturszene und ein reges Nachtleben. Auch erstklassige Restaurants, die sowohl traditionelle als auch moderne Gerichte anbieten, gibt es in Hülle und Fülle. Belgrad ist eine der ältesten Städte Europas und mit rund 1,7 Millionen Einwohnern zählt sie zu den größten Metropolen des Balkans. Bedingt durch die geographische Lage und eine turbulente Geschichte hat Belgrad einen Mix verschiedener Kulturen und zeigt sich offen für alles und jeden.

Bild: © Milinko Radosavljević

Lektion 2

Kako si? (Wie geht es dir?)

H1

Hier lernen Sie nach jemandes Wohlbefinden zu fragen und darauf zu antworten:

Kako si?	Kako ste?
Wie geht es dir?	Wie geht es euch/Ihnen?

Jako dobro.	Dobro.	Onako.	Loše.
Sehr gut.	Gut.	Mal so, mal so.	Schlecht.

H2

Marko Marić ist ein 25 Jahre junger Mann aus Belgrad. Er arbeitet als Rezeptionist im Hotel *Moskva*, hat einen Kater und ganz viele Freunde. Wegen seiner geselligen Art ist er bei Freunden, Gästen und Kollegen sehr beliebt. Heute hatte Marko einen freien Tag und war viel unterwegs. Erfahren Sie im Folgenden, wo er war und wem er begegnet ist:

Im Treppenhaus sprach er kurz mit seiner Nachbarin:

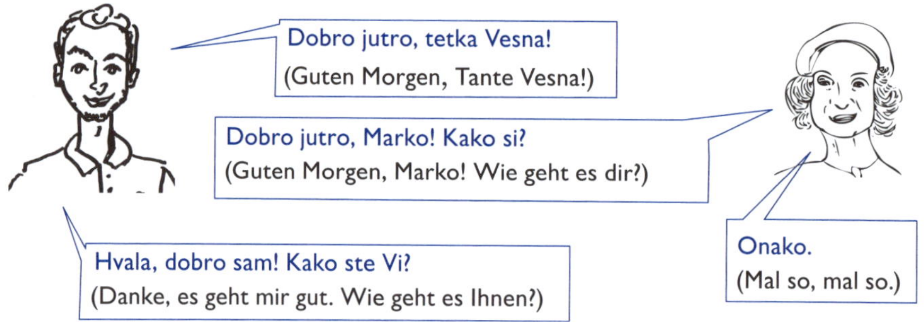

In der Knez-Mihailo-Straße grüßte er Straßenmusikanten[2]:

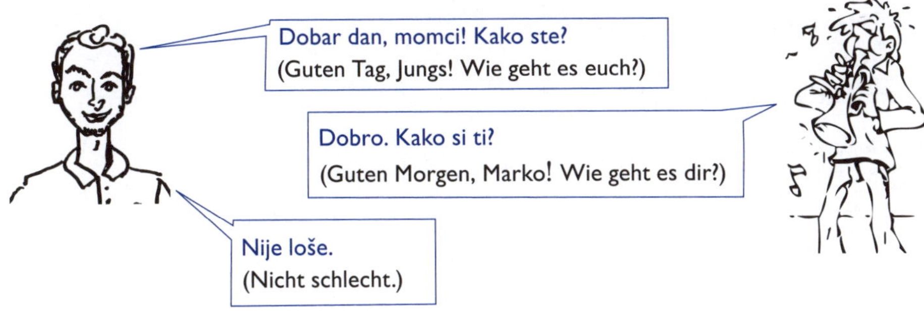

Im Sportstudio traf er einen Bekannten:

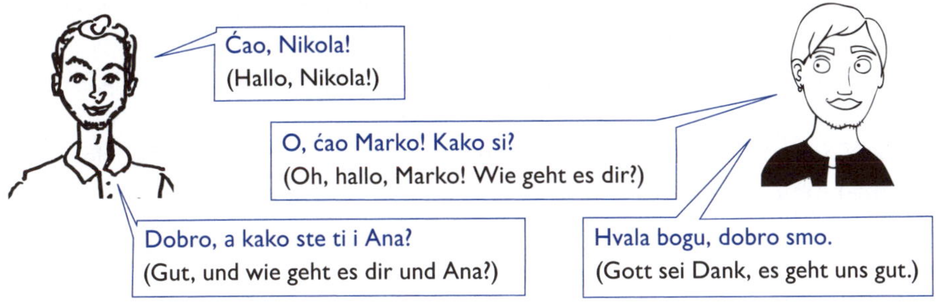

H3

Wörterliste

Serbisch	Deutsch
biti	sein
Kako ste?	Wie geht es Ihnen/euch?
bog *m*	Gott
dobro	gut
hvala	danke
Hvala bogu, …	Gott sei Dank, …
i	und
jako	sehr
Jako dobro.	Sehr gut.

Serbisch	Deutsch
kako	wie
loše	schlecht
Nije loše.	Nicht schlecht.
momak *Sg.*, momci *Pl.*	Junge, en, (s)
svirač *Sg.*, svirači *Pl.*	Musikant, en
tako	so
Onako.	Mal so, mal so.
tetka *f*	Tante
Vi	Sie – Anrede

2 «Balkan Sound» – Dejan Petrović Big Band

➲ Grammatik im Überblick

1. Nomen

Nominativ (vollständig)

	Singular				Plural		
m	dan	ø	Tag	→	dani	-i	Tage
f	tetka	-a	Tante	→	tetke	-e	Tanten
n	jutro, more	-o, -e	Morgen, Meer	→	jutra, mora	-a	Morgen, Meere

- Die Maskulina enden im Singular auf einen Konsonanten; im Plural bekommen sie die Endung **-i**.
- Die Feminina enden im Singular auf **-a**; im Plural weisen sie die Endung **-e** auf.
- Die Neutra bekommen unabhängig von der Singularendung (-o oder -e) im Plural die Endung **-a**.

Besonderheiten:
Bei einigen kurzen Nomen wird im Plural der Wortstamm erweitert:
- maskuline Nomen – Erweiterung durch die Silben **-ev** bzw. **-ov**: muž (Mann) – muž**ev**i (Männer), bog (Gott) – bog**ov**i (Götter)
- neutrale Nomen – Erweiterung durch ein **-n**: ime (Name) – ime**n**a (Namen)

2. Pronomen

Personalpronomen
Personalpronomen sind Wörter, die im Satz ein Nomen ersetzen oder darauf verweisen. Sie stimmen in ihrer Form mit dem Genus, Numerus und Kasus des Nomens überein.

Ovo je **gospodin Ilić**. **On** je profesor.
Ovo su **Marko i Mihajlo**. **Oni** su moji drugovi.

Sg.	1.	**ja**	ich
	2.	**ti**	du
	3	**on, ona, ono**	er, sie, es

Pl.	1.	**mi**	wir
	2.	**vi**	ihr
	3.	**oni, one, ona**	sie

Sie-Anrede	**Vi**	Sie

- In der 3. P. Pl. existiert für jedes der drei Geschlechter eine eigene Form: Marko i Mihajlo, Marko i Sanja – **oni**; Sanja i Milica – **one**; deca (Kinder) – **ona**
- Die Höflichkeitsform **Vi** stimmt mit der 2. P. Pl. überein und wird großgeschrieben.
  Vi ste gospodin Ilić?
- Das Verb steht meistens ohne Personalpronomen, es sei denn man möchte das Pronomen besonders betonen. Wird das Personalpronomen ausgelassen, muss man im Satz eine Umstellung machen.
  Kako si? – Dobro sam.
  – **Ja** sam dobro, a ti?

3. Verb

Verb *biti* im Präsens (vollständig)

Das Verb biti hat zwei Formen: eine unbetonte **Kurzform** und eine betonte **Langform.** Im Folgenden lernen Sie die Kurzformen und in Lektion 4 lernen Sie die Langformen.

Sg.	1.	ja **sam**	ich bin
	2.	ti **si**	du bist
	3	on, ona, ono **je**	er, sie, es ist

Pl.	1.	mi **smo**	wir sind
	2.	vi **ste**	ihr seid
	3.	oni, one, ona **su**	sie sind

Sie-Anrede	Vi **ste**	Sie sind

Die Kurzform des Verbs **biti** kann nicht am Anfang des Satzes stehen:
~~Sam~~ Marko. → Ja sam Marko.

➲ Aufgaben

Arbeit im Unterricht

1. Wählen Sie eine Situation aus und spielen Sie ähnliche Dialoge wie auf S. 22 f.

a) Es ist Samstag, 9 Uhr morgens. Sie treffen auf der Straße Ihren Hausarzt / Ihre Hausärztin.

b) Es ist später Nachmittag. An der Bushaltestelle begegnet Ihnen ein alter Freund / eine alte Freundin.

2. Jeder Teilnehmer / Jede Teilnehmerin schreibt auf einen Zettel ein Nomen im Singular. Die Zettel werden dann gesammelt und die Nomen vorgelesen. Die Aufgabe der Teilnehmer ist es, die Nomen vom Singular in den Plural umzuwandeln.

Arbeit für Selbstlerner

H4

1. Hören und antworten Sie!

A: Ćao! Kako si? B: . . . .

H5

2. Bilden Sie Pluralformen!

1. A: dan B: . . . . 2. A: tetka B: . . . . 3. A: žena B: . . . .

4. A: jutro B: . . . . 5. A: momak B: . . . .

➲ Landeskunde

Hotel Moskva (Das Hotel Moskva) ist eines der ältesten Hotels in Belgrad. Es befindet sich in einem Jugendstilgebäude auf dem Terazije-Platz. Mit seiner Fassade aus grünen Keramikfliesen gilt es als ein bekanntes Wahrzeichen der Stadt.

Bild: © Petar Milošević, Hotel Moskva (Belgrade), CC BY-SA 4.0, https://commons.wikimedia.org/wiki/File:Hotel_Moskva_(Belgrade).jpg

Knez Mihailova ulica (Knez-Mihailo-Straße) ist die bekannteste Prachtstraße Belgrads. Mitten im Stadtzentrum gelegen, mit vielen Geschäften und Cafés, ist sie ein beliebter Treffpunkt der Belgrader. Und ihrer Gäste. Benannt wurde sie nach Mihailo Obrenović, Prinz von Serbien.

Bild: © Peiragmeno paidi, Knez Mihailova street, CC BY-SA 3.0, https://upload.wikimedia.org/wikipedia/commons/c/cc/Knez_Mihailova_street_-_panoramio.jpg

Lektion 3

Cimer Stanko (Mitbewohner Stanko)

H1

In dieser Lektion lernen Sie nach einer Person oder einer Sache zu fragen und darauf zu antworten sowie Wohnräume zu benennen:

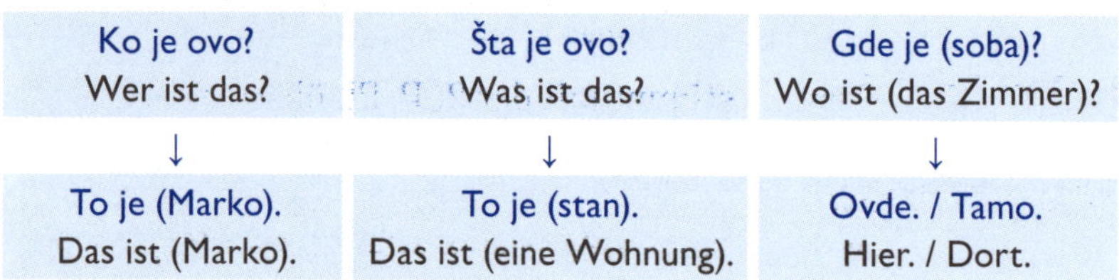

Ko je ovo? Wer ist das?	Šta je ovo? Was ist das?	Gde je (soba)? Wo ist (das Zimmer)?
↓	↓	↓
To je (Marko). Das ist (Marko).	To je (stan). Das ist (eine Wohnung).	Ovde. / Tamo. Hier. / Dort.

Außerdem lernen Sie jemandes Aussagen zuzustimmen:

To je tačno. Das stimmt.

H2

Für seine WG in Belgrad – Vračar sucht Marko neue Mitbewohner. Ein Interessent klingelt an der Tür:

Marko macht auf:

Marko:	Dobar dan!	Guten Tag!
Stanko:	Dobar dan! Ja sam Stanko.	Guten Tag. Ich bin Stanko.
Marko:	Ja sam Marko. Izvoli uđi!	Ich bin Marko. Bitte komm herein!

Marko zeigt ihm die Wohnung:

Marko:	Ovo je hodnik, ovde je kuhinja, a tamo je kupatilo.	Das ist der Flur, hier ist die Küche, und dort ist das Bad.
Stanko:	Hm, kuhinja je mala.	Hm, die Küche ist klein.
Marko:	Da, to je tačno.	Ja, das stimmt.
Stanko:	Dobro, a gde je soba?	Gut, und wo ist das Zimmer?
Marko:	Ovde levo.	Hier links.

Stanko: O, soba je jako lepa. — Oh, das Zimmer ist sehr schön.

Auf der Fensterbank erblickt Stanko einen rauchgrauen Kater:

Stanko: Vidi, vidi, a ko je ovo? — Oh, guck mal, wer ist denn das?

Marko: To je mačak Đole[3]. — Das ist Kater Djole.

Dj hebt die Pfote und Stanko spricht ihn an:

Stanko: Ćao, Đole. Kako si? — Hallo, Djole. Wie geht es dir?

H3

Wörterliste

Serbisch	Deutsch
cimer[4] *m*, cimerka *f*	Mitbewohner, in
da	ja
gde	wo
hodnik *m*	Flur
izvoleti	bitten
Izvoli!	Bitte!
ko	wer
kuhinja *f*	Küche
kupatilo *n*	Badezimmer
lep, -a, -o	schön
levo	links
mačak m, mačka *f*	Kater, Katze

Serbisch	Deutsch
mali, -a, -o	klein
ovde	hier, da
soba *f*	Zimmer
stan *m*	Wohnung
šta	was
tačno	richtig
tamo	dort
to	das
ući	hereinkommen
Uđi!	Komm herein!
videti	sehen, gucken
Vidi, vidi …	Guck mal …

3 Kosename von Đorđe (serb. männl. Vorname)
4 Abgeleitet von dt. veraltet *Zimmerkamerad*

➲ Grammatik im Überblick

1. Adjektiv (Singular und Plural)

Das Adjektiv ist ein Begleiter des Nomens und richtet sich nach diesem im Genus, Numerus und Kasus. Es kann **attributiv** (vor dem Nomen) und **prädikativ** (nach dem Nomen) gebraucht werden:

Attributiv: Ovo je **velika** soba.
Prädikativ: Soba je **velika**.

m	f	n	
Sg.	lep dan (schöner Tag)	lepa kuća (schönes Haus)	lepo selo/more (schönes Dorf/Meer)
Pl.	lepi dani (schöne Tage)	lepe kuće (schöne Häuser)	lepa sela / mora (schöne Dörfer/Meere)

Die Adjektivendungen stimmen mit den Endungen der Nomen weitgehend überein. Die Abweichungen zeigen sich im Singular der Neutra, und zwar in dem Fall, wenn das Adjektiv ein Nomen begleitet, das nicht auf ein **-o**, sondern auf ein **-e** endet.
lep**o** mor<u>e</u>   mal**o** det<u>e</u>

2. Adverb

Wie im Deutschen auch, gibt es im Serbischen verschiedene Arten von Adverbien. In dieser Lektion befassen wir uns mit den **Adverbien des Ortes**:

ovde (hier)	**tamo** (dort)	ovde **levo** (hier links)	ovde **desno** (hier rechts)	tamo **levo** (dort links)	tamo **desno** (dort rechts)

Sie antworten auf die Frage **gde** (wo):
Gde si? – Ovde.

3. Satz

Ergänzungsfragen sind Fragesätze, die mit einem Fragepronomen eingeleitet werden. Die häufigsten dieser Fragewörter sind: **ko** (wer), **šta** (was), **gde** (wo), **kad(a)** (wann), **kako** (wie), **odakle** (woher).
Ko je ovo? – To je Ana.
Kako si? – Dobro sam.

➲ Aufgaben

Arbeit im Unterricht

1. Wer ist das? Was ist das?

Schauen Sie sich die Bilder an und bilden Sie Dialoge! Suchen Sie im Kasten die passenden Begriffe aus.

A: *Ko je ovo?* B: *To je …*
A: *Šta je ovo?* B: *To je …*

hodnik • kuhinja • soba • stan • kupatilo • balkon • mačak Đole • Marko i Stanko • Jovana i Nemanja • profesor Ilić • profesorka Stanić • Nole[5]

2. Sprechen Sie miteinander!

Person A

Sie besichtigen eine Wohnung und erkundigen sich beim Besitzer / bei der Besitzerin, wo sich welcher Raum befindet: *Gde je …*

Person B

Sie sind der Besitzer / die Besitzerin der o.g. Wohnung und beantworten die Fragen der Person A. Sie wählen dabei eines der untenstehenden Adverbien und machen beim Antworten passende Gesten.
Ovde. Tamo. Ovde levo. Ovde desno.

5 Spitzname von Novak Đoković, dem aktuell weltbesten Tennisspieler

Arbeit für Selbstlerner

H4

1. **Schauen Sie sich die Bilder oben bei *Arbeit im Unterricht, Nr. 1* an! Hören und beantworten Sie die Fragen!**
   a) Ko je ovo? b) Ko je ovo? c) Ko je ovo? d) Šta je ovo?
   Stellen Sie nun weitere Fragen und geben Sie Antworten.

H5

2. **Hören Sie die Fragen der Person A und versuchen Sie eine sinngemäße Antwort zu geben.**
   Gde je soba? Gde je kuhinja? Dobro, a gde je kupatilo?

➲ Landeskunde

Vračar ist ein Stadtteil von Belgrad, in dem sich u.a. die berühmte Kathedrale des Heiligen Sava (Hram Svetog Save), befindet. Dieser imposante, im neobyzantinischen Stil errichtete Sakralbau dominiert die Skyline der Stadt und gilt als eine der meistbesuchten Sehenswürdigkeiten in der ganzen Region.

Der Heilige Sava (1174–1236), dem die Kathedrale geweiht wurde, war erster Patriarch und Gründer der Serbisch-orthodoxen Kirche.

Bild: © Milinko Radosavljević

Lektion 4

Halo, ko je? (Hallo, wer ist dran?)

 H1

In dieser Lektion lernen Sie, wie man sich am Telefon meldet und vorstellt, nach einem Gesprächspartner fragt und wie man sich am Telefon sowie auch allgemein verabschiedet.

Molim!	(Milenković)
Hallo! wörtl. Bitte!	Nachname

Dobar dan! (Marko) ovde.	Je li (Danilo) tu?	Je li (Danilo) kod kuće?
Guten Tag! (Marko) hier.	Ist (Danilo) hier?	Ist (Danilo) zu Hause?

Ćao!	Doviđenja!	Laku noć!	Prijatno!
Tschüss!	Auf Wiedersehen / -hören!	Gute Nacht!	Alles Gute!

H2

Nach der Arbeit pflegt Marko mit seinen Freunden etwas trinken zu gehen. Heute aber sitzt er alleine in einem Café am Platz der Republik und schreibt einem Freund eine SMS. Im Hintergrund hört man Musik[6].

Ćao brate! Kako si? 17. 10
Hallo, Bruder! Wie geht es dir?

Gde si, bre? Jesi li živ? 17. 26
Hey, wo bist du denn? Lebst du noch?

Da sein Freund auf die geschickten SMS nicht antwortet, ruft Marko seine Festnetznummer an:

Darko:	Milenković.	
Marko:	Dobro veče, čika Darko!	Guten Abend, Onkel Darko.
	Marko ovde.	Hier ist Marko.
	Je li Danilo tu?	Ist Danilo zu Hause?

6 «Napile se ulice» («Die Straßen sind betrunken») – Goran Bregović

Darko:	Jeste. Samo trenutak.	Ja. Einen Augenblick, bitte.
Marko:	O super! Doviđenja, čika Darko.	Oh, super. Auf Wiederhören, Onkel Darko.
Darko:	Doviđenja. Prijatno.	Auf Wiederhören. Schönen Abend.
Darko (ruft):	Danilo, telefon.	Danilo, Telefon.
Danilo:	Ko je to?	Wer ist das?
Darko:	Tvoj prijatelj Marko.	Dein Freund Marko.

H3

Wörterliste

Serbisch	Deutsch
biti	sein
Je li Danilo kod kuće?	*Ist Danilo zu Hause?*
brat *m*	Bruder, ugs. Freund
bre[7]	hey
čika *m*	Onkel
Doviđenja!	Auf Wiederhören!
kod	bei, zu
kuća *f*	Haus
lak, -a, -o	leicht
Laku noć!	Gute Nacht!
moliti	bitten

Serbisch	Deutsch
Molim!	Bitte!
noć *f*	Nacht
prijatelj *m*, prijateljica *f*	Freund, in
Prijatno!	Schönen Tag / Abend!
samo	nur
Super!	Toll!
telefon *m*	Telefon
trenutak *m*	Moment, Augenblick
tu	hier, da
tvoj, tvoja, tvoje	dein, deine
živ, -a, -o	lebend

7 Gebräuchlicher Ausruf in vielen Balkansprachen. Das Wort stammt vermutlich aus dem Griechischen.

➲ Grammatik im Überblick

1. Pronomen

Possessivpronomen

Possessivpronomen sind besitzanzeigende Wörter, die sich wie andere Pronomen sowie Adjektive in ihrer Form dem Nomen anpassen. Sie können vor einem Nomen stehen oder dieses ersetzen.

Da, to je **moj** telefon. (Ja, das ist mein Telefon.)	Da, to je **moje**. (Ja, das ist meins.)

		m		f		n	
Sg.	**1.**	moj	mein	moj**a**	meine	moj**e**	mein
	2.	tvoj	dein	tvoj**a**	deine	tvoj**e**	dein
	3.	njegov, njen	sein, ihr	njegov**a**, njen**a**	seine, ihre	njegov**o**, njen**o**	sein, ihr
Pl.	**1.**	moj**i**	mein	moj**e**	meine	moj**a**	mein
	2.	tvoj**i**	dein	tvoj**e**	deine	tvoj**a**	dein
	3.	njegov**i**, njen**i**	sein, ihr	njegov**e**, njen**e**	seine, ihre	njegov**a**, njen**a**	sein, ihr

Die Endungen der Possessivpronomen sind weitgehend die gleichen wie die Endungen der Nomen.
Der einzige Unterschied besteht im Singular der Neutra, und zwar in folgenden Fällen: moje sel**o** (mein Dorf) njegovo det**e** (sein Kind)

2. Verb

Verb *biti* (sein) im Präsens (Langformen)

Sg.	**1.**	ja sam	**jesam**	ich bin
	2.	ti si	**jesi**	du bist
	3.	on, ona, ono je	**jeste**	er, sie, es ist

Pl.	**1.**	mi smo	**jesmo**	wir sind
	2.	vi ste	**jeste**	ihr seid
	3.	oni, one, ona su	**jesu**	sie sind

Sie-Anrede	Vi ste	**jeste**	Sie sind

Die Langformen des Verbs **biti** verwendet man:

- wenn man Entscheidungsfragen bilden möchte:
  Jesi li tu? (Bist du da?)
- wenn man auf eine Frage eine kurze Antwort geben möchte:
  Jesi li tu? Jesam. (Bist du da? Bin ich.)
- wenn man das Verb **biti** besonders betonen möchte:
  Jesam, tu sam. (Ja, hier bin ich.)

3. Satz

Entscheidungsfragen sind Fragesätze ohne Fragewörter, die man mit *ja* oder *nein* beantworten kann.
Sie werden durch die Positionierung des Verbs an erster Stelle und das Einsetzen der Partikel **li** gebildet.
Jesu li Marko i Zorica tu?

In der Alltagssprache wird **li** oft ausgelassen.
Jesu Marko i Zorica tu?

Bei Fragen mit dem Verb **biti** werden die Langformen benutzt:
Jesam li (ja)..., **Jesi** li (ti)....,
Jesmo li (mi)..., **Jeste** li (vi / Vi) ..., **Jesu** li (oni) ... .

Eine Ausnahme bildet dabei die 3. P. Sg., bei der die Kurzform gebraucht wird.
Je li (on, ona, ono) ... .

Auch das Personalpronomen wird meistens ausgelassen. Es sei denn, man möchte es besonders betonen. Je li **on** ovde? sonst Je li ovde?

➲ Aufgaben

Arbeit im Unterricht

1. Je li ovo ...?
Zeigen Sie Ihrem Partner / Ihrer Partnerin Ihre neuen Fotos! (s.u.) Fragen und antworten Sie immer positiv!

A: *Je li ovo ...?* B: *Jeste.*

2. Führen Sie ein Telefongespräch!

Person A	antwortet.
Person B	grüßt und stellt sich vor.
Person B	fragt nach der gewünschten Gesprächsperson.
Person A	bittet um ein wenig Geduld.
Person B	bedankt sich bei der Person A.
Personen A und B	verabschieden sich.

Arbeit für Selbstlerner

H4

1. Schauen Sie sich die Bilder oben bei *Arbeit im Unterricht, Nr. 1* an! Hören und beantworten Sie die Fragen!

a) Je li ovo Milica?
b) Je li ovo tetka Vesna?
c) Jesu li ovo Ana i Nikola?
d) Je li ovo čika Darko?

Stellen Sie nun weitere Fragen und geben Sie Antworten!

H5

2. Hören Sie die Anweisungen und reagieren Sie darauf!

Sie rufen eine Person an: Grüßen und stellen Sie sich vor, fragen Sie nach der gewünschten Gesprächsperson, bedanken und verabschieden Sie sich.

Landeskunde

Trg Republike (Platz der Republik) – einer der zentralen Plätze in Belgrad. Auf dem Platz befinden sich die Statue von Prinz Mihailo Obrenović und andere wichtige Sehenswürdigkeiten wie das Nationalmuseum und das Nationaltheater.

Lektion 5

Nova cimerka (Die neue Mitbewohnerin)

 HI

In dieser Lektion lernen Sie, einige Höflichkeitsformeln in Alltagssituationen anzuwenden:

Izvoli, sedi! (Du-Form) / Izvolite, sedite! (ihr- / Sie-Form) Nimm bitte Platz! / Nehmen Sie bitte Platz!	→	Hvala! Danke!	→	Molim! Bitte!

Sie lernen auch nach Gegenständen zu fragen und zu sagen, wem was gehört:

Čiji je ovo (mobilni)? Wessen (Handy) ist das?	→	(Moj.) (Meins.)

 H2

An einem Spätnachmittag: Marko kommt nach Hause und findet Stanko, wie so oft, in der Küche beim Kaffeekochen vor. Im Radio läuft ein Lied. Stanko summt die Melodie mit[8].

Auf dem Tisch liegt ein Handy. Marko fängt das Gespräch an:

Marko:	Je li ovo tvoj mobilni? Baš je kul.	Ist das dein Handy? Es sieht cool aus.
Stanko:	Nije.	Nein, ist es nicht.
Marko:	Nego čiji je?	Wem gehört es denn?
Stanko:	Sanjin.	Sanja.
Marko:	A ko je Sanja? Tvoja nova devojka?	Wer ist Sanja? Deine neue Freundin?
Stanko:	Ne. Sanja je naša nova cimerka.	Nein. Sanja ist unsere neue Mitbewohnerin.
Marko:	Stvarno? Je li ona već ovde?	Wirklich? Ist sie schon hier?
Stanko:	Jeste.	Ja.

8 «Čija je ono zvijezda?» («Wessen Stern ist das?») – Zdravko Čolić

In dem Moment kommt Sanja in die Küche und sagt:

Sanja:	Ćao! Ja sam Sanja.	Hallo! Ich bin Sanja.
Marko:	O, zdravo! Ja sam Marko. Izvoli, sedi.	Oh, hallo! Ich bin Marko. Bitte, setz dich!
Sanja:	Hvala.	Danke.
Marko:	Molim.	Bitte.

H3

Wörterliste

Serbisch	Deutsch
biti	sein
To nije moj mobilni.	Das ist nicht mein Handy.
čiji, čija, čije	wessen
devojka *f*	Mädchen, hier: Freundin
izvoleti	bitten
Izvoli!	Bitte! Sg.
mobilni (telefon) *m*	Handy
naš, naša, naše	unser, unsere

Serbisch	Deutsch
ne	nein
nov, -a, -i	neu
nego	denn, sondern
sedeti	sitzen
Sedi!	Setz dich!
stvarno	wirklich
već	schon
Zdravo!	Hallo! Tschüss!

➲ Grammatik im Überblick

I. Pronomen und Adjektiv

Possessivpronomen und Possessivadjektive sind besitzanzeigende Wörter. Sie antworten auf die Frage **čiji, čija, čije** (wessen) und müssen im Numerus, Genus und Kasus an ihr Bezugswort angepasst werden.

Čij**i** je ovo stan? – Njegov. / Ivanov.
Čij**a** je ovo kuć**a**? – Njegova. / Ivanova.
Čij**e** je ovo selo? – Njegovo. / Ivanovo.

Possessivpronomen (vollständig)

	m		f		n	
1.	moj	mein	moja	meine	moje	mein
2.	tvoj	dein	tvoja	deine	tvoje	dein
3.	njegov, njen	sein, ihr	njegova, njena	seine, ihre	njegovo, njeno	sein, ihr

1.	naš	unser	naša	unsere	naše	unser
2.	vaš	euer	vaša	eure	vaše	euer
3.	njihov	ihr	njihova	ihre	njihovo	ihr

Sie – Anrede	Vaš	Ihr	Vaša	Ihre	Vaše	Ihr

Die Pluralformen von **naš**, **vaš**, **njihov** werden genauso wie die Pluralformen von **moj**, **tvoj**, **njegov**, **njen** gebildet.

M naš**i** stanovi **F** naš**e** kuće **N** naš**a** sel**a**

Possessivadjektive aus Eigennamen (Singular)

	m		f		n	
m	Ivanov otac	Ivans Vater	Ivanova majka	Ivans Mutter	Ivanovo dete	Ivans Kind
f	Anin brat	Anas Bruder	Anina sestra	Anas Schwester	Anino dete	Anas Kind

Possessivadjektive, die von Eigennamen abgeleitet werden, schreibt man groß. Ihre Bildung lässt sich wie folgt beschreiben:

- Die meisten Maskulina bekommen die Endung **-ov**.
  Ivan -ov otac
- Die Maskulina, die auf einen weichen Konsonanten (ć, j, lj ...) enden, bekommen die Endung **-ev**.
  Andrej -ev brat, **Ilić -ev** brat
- Alle Feminina und Maskulina, die auf ein -a enden, bekommen die Endung **-in**.
  An -in, Nikol -in brat

2. Verb

Verneinung des Verbs *biti* (sein)

Sg.	1.	ja **nisam**	ich bin nicht
	2.	ti **nisi**	du bist nicht
	3.	on, ona, ono **nije**	er, sie, es ist nicht

Pl.	1.	mi **nismo**	wir sind nicht
	2.	vi **niste**	ihr seid nicht
	3.	oni, one, ona **nisu**	sie sind nicht

Sie-Anrede	Vi **niste**	Sie sind nicht

Bei der Verneinung des Verbs **biti** verschmilzt das Wörtchen **ne** mit der Kurzform des Verbs; das **e** wird zu **i**: ja sam → ja n**i**sam

➲ Aufgaben

Arbeit im Unterricht

I. Erledigen Sie die folgenden Aufgaben.

H4

I.1 Schauen Sie sich die Bilder an, hören und wiederholen Sie die Wörter!

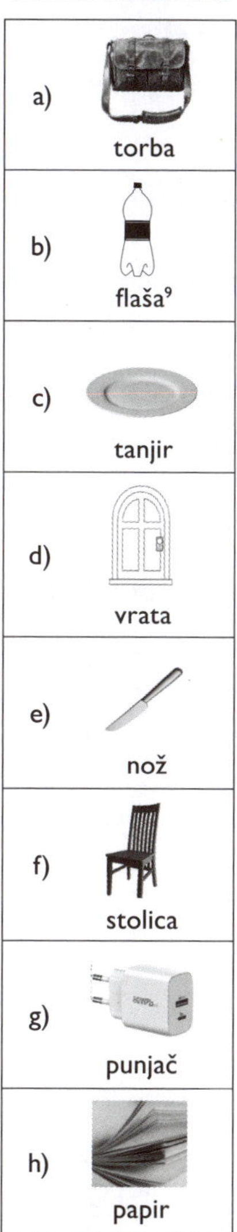

I.2 Bilden Sie Paare mit den Wörtern, die gut zusammenpassen!

9 dt. *Flasche*

1.3 Bilden Sie Dialoge nach dem folgenden Muster!

A: Je li ovo tvoj mobilni?
B: Nije.
A: Nego čiji je?
B: Holgerov. / Angelikin.

Sie haben auch die Möglichkeit, auf einen Lernpartner / eine Lernpartnerin zu zeigen und statt des Namens ein Possessivpronomen zu benutzen: B: Njegov. / Njen.

Arbeit für Selbstlerner

1. Erledigen Sie die folgenden Aufgaben.

 **H5**

1.1 Schauen Sie sich die Bilder an, hören und wiederholen Sie die Wörter! Bilden Sie dann Paare mit den Wörtern, die gut zusammenpassen!

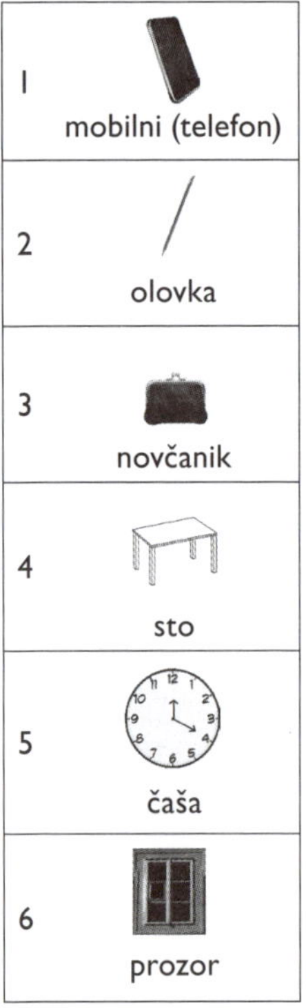

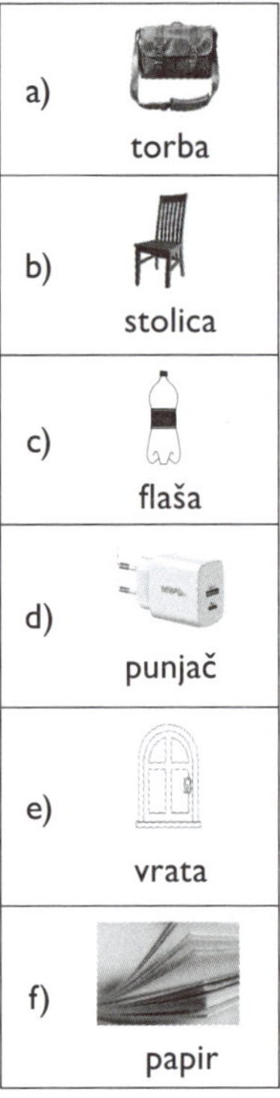

H6

1.2 Hören Sie die Fragen und antworten Sie wie im Beispiel immer negativ!

1. A: Je li ovo tvoj mobilni? B: Nije. A: Nego čiji je? B: Holgerov. / Angelikin.
2. A: Je li ovo tvoja olovka? B: . . . . A: Nego čija je? B: . . . .
3. A: Je li ovo tvoj novčanik? B: . . . . A: Nego čiji je? B: . . . .
4. A: Je li ovo tvoja torba? B: . . . . A: Nego čija je? B: . . . .
5. A: Je li ovo tvoj punjač? B: . . . . A: Nego čiji je? B: . . . .

➲ Landeskunde

Es gibt tausende und abertausende von Cafés, in denen man in Serbien einen Espresso oder Cappuccino trinken kann. Trotzdem bevorzugen viele Menschen immer noch traditionellen türkischen Kaffee, den man sich selbst zu Hause kocht und ohne den man sich einen Gästeempfang kaum vorstellen kann. Er wird in einer Kaffeekanne namens *džezva*[10] gekocht und in kleinen Kaffeetassen mit einem Glas Wasser serviert. Dazu wird Kleingebäck gereicht.

10 türk. cezve

Landeskunde – Test I

Welche Antwort ist richtig? Kreuzen Sie an!

1. **Auf welcher großen Halbinsel befindet sich die Republik Serbien?**
   a) Apennin b) Istrien c) Balkan

2. **Wie viele Einwohner hat sie?**
   a) ca. 7 Millionen b) ca. 4 Millionen c) ca. 22 Millionen

3. **Zu welchem Zweig der slawischen Sprachen gehört Serbisch?**
   a) westslawisch b) ostslawisch c) südslawisch

4. **Serbisch verfügt über die kyrillische und die lateinische Schrift. Welche wird offiziell verwendet?**
   a) Kyrillisch b) Latein c) beide

5. **Wo befindet sich Belgrad, die Hauptstadt Serbiens?**
   a) in der Vojvodina b) in Zentralserbien c) in Kosovo und Metochien

6. **In der serbischen Hauptstadt treffen zwei Flüsse aufeinander. Welche?**
   a) Save und Donau b) Save und Morava c) Save und Drin

7. **Wo befindet sich die Statue von Prinz Mihailo Obrenović?**
   a) am Terazije-Platz b) am Platz der Republik c) in Vračar

8. **Wie heißt die berühmte Kathedrale, die sich im Belgrader Stadtteil Vračar befindet?**
   a) Dom des Heiligen Sava b) Dom des Erzengels Michael c) Dom des Heiligen Petrus

9. **Eines der ältesten Hotels Belgrads trägt den Namen einer europäischen Stadt. Welcher?**
   a) London b) Paris c) Moskau

10. **Welche Prachtstraße in Belgrad ist am bekanntesten?**
    a) Balkanska b) Knez Mihailova c) Sremska

11. **Welche Art des Kaffeekochens ist in Serbien immer noch besonders beliebt?**
    a) österreichische b) italienische c) türkische

Punkte: ……../ 11

Sasvim običan dan (Ein ganz gewöhnlicher Tag)

Im Folgenden lernen Sie, wie man etwas zum Trinken anbietet und was man darauf antwortet:

Hoćeš li / Hoćete li (kafu)? Möchtest du / Möchten Sie einen Kaffee?	Hoću hvala! Ja, danke.	Neću, hvala! Nein, danke.

Dazu lernen Sie, wie man nach jemandes Telefonnummer fragt und die eigene Telefonnummer angibt:

Koji je tvoj / Vaš broj telefona? Wie ist deine / Ihre Telefonnummer?	Moj broj telefona je (011 – 55 12 663). Meine Telefonnummer ist (011 – 55 12 663).

Es ist Montagmorgen, 8.00 Uhr. Draußen regnet es im Strömen. Marko steht auf und geht in die Küche:

Sanja sitzt schon am Tisch und hört das morgendliche Radioprogramm[11].

Marko:	Dobro jutro, Sanjice!	Guten Morgen, Sanjachen!
Sanja:	Dobro jutro! Hoćeš li kafu?	Guten Morgen! Möchtest du einen Kaffee?
Marko:	Neću, hvala.	Nein, danke.

Er schaut aus dem Fenster.

Marko:	Jao, kakvo ružno vreme!	Ah, was für ein hässliches Wetter!
Sanja:	Da, stvarno.	Ja, in der Tat.

Aus der Zeitung, die er zu lesen beginnt, fällt ein Ausflugsflyer heraus. Sein Interesse wecken eine Reise nach Zlatibor und ein eintägiger Ausflug nach Drvengrad. Er ruft die Nummer an:

11 «442 do Beograda» («442 bis Belgrad») – Bajaga

NN:	Molim.	Hallo.
Marko:	Dobar dan. Marko Marić ovde.	Guten Tag. Hier spricht Marko Marić.
	Je li to Agencija Spektar?	Ist das die Reiseagentur „Spektar“?
NN:	Ne. Ovo je privatan stan.	Nein. Das ist eine private Wohnung.
Marko:	Izvinite, a je li to broj 55 12 662?	Entschuldigung, ist das die Nummer 55 12 662?
NN:	Ne, ovo je 55 13 662.	Nein, das ist 55 13 662.
Marko:	Izvinite! Pogrešan broj.	Entschuldigung! Ich habe mich verwählt.
NN:	Ništa zato. Doviđenja.	Das macht nichts. Auf Wiederhören.

H3
Wörterliste

Serbisch	Deutsch
(putnička) agencija *f*	Reiseagentur
broj *m*	Nummer
broj telefona *m*	Telefonnummer
hteti	wollen, Konjunktiv-II-Formen des Verbes mögen (ich möchte, etc.)
Hoću.	Ich möchte.
izviniti	entschuldigen
Izvinite!	Entschuldigen Sie!
jao	ach
kafa *f*	Kaffee

Serbisch	Deutsch
kakav, kakva, kakvo	was für ein, -e
koji, koja, koje	welcher, -e, -es
ništa	nichts
Ništa zato.	Das macht nichts.
običan, -a, -o	gewöhnlich, normal
pogrešan, -šna, -šno	falsch
privatan, -tna, -tno	privat
ružan, -žna, -žno	hässlich
sasvim	ganz
vreme *n*	Wetter
zato	deshalb, darum

➲ Grammatik im Überblick

1. Verb

Das Verb **hteti** ist wie auch **biti** ein unregelmäßiges Verb, das lange, kurze und verneinte Formen hat.

Langformen

Sg.	1.	ja **hoću**	ich will
	2.	ti **hoćeš**	du willst
	3.	on, ona, ono **hoće**	er, sie, es will

Pl.	1.	mi **hoćemo**	wir wollen
	2.	vi **hoćete**	ihr wollt
	3.	oni, one, ona **hoće**	sie wollen

Sie-Anrede	Vi **hoćete**	Sie wollen

Verneinung

Sg.	1.	ja **neću**	ich will nicht
	2.	ti **nećeš**	du willst nicht
	3.	on, ona, ono **neće**	er, sie, es will nicht

Pl.	1.	mi **nećemo**	wir wollen nicht
	2.	vi **nećete**	ihr wollt nicht
	3.	oni, one, ona **neće**	sie wollen nicht

Sie-Anrede	Vi **nećete**	Sie wollen nicht

Im Unterschied zum Verb **biti** wird das Verb hteti in der 3. Person Singular und Plural gleich konjugiert: Die Entscheidungsfragen werden in der Alltagssprache mit oder ohne Partikel li gebildet: Hoćeš (li) kafu?

2. Nomen

Akkusativ (Singular)

Der Akkusativ ist der vierte Fall in der Grammatik. Er wird nach einem Verb oder einer Präposition vewendet und lässt sich mithilfe der Fragewörter **koga?** (wen?) / **šta?** (was?) erfragen.

Koga hoćeš? Hoću ćerku.
Šta hoćeš? Hoću kafu.

	belebte Nomen		
m	sina	**-a**	den Sohn
f	ćerku	**-u**	die Tochter
n	dete	**-Ø**	das Kind

unbelebte Nomen		
čaj	**Ø**	den Tee
kafu	**-u**	den Kaffee
pivo	**Ø**	das Bier

Serbische Nomen werden u. a. in die Kategorien belebt und unbelebt unterteilt. Dies ist zur Unterscheidung der maskulinen Nomen im Akkusativ Singular wichtig:

- Belebte Maskulina bekommen die Endung **-a**: Hoću sin**a**.
- Unbelebte Maskulina behalten die gleiche Endung wie im Nominativ: Hoću čaj.

Bei der Deklination der femininen und neutralen Nomen spielt die Kategorie der Belebtheit keine Rolle: Sie weisen in beiden Kategorien die gleichen Endungen auf.

➲ Aufgaben

Arbeit im Unterricht

I. Hoćeš li ... ? Spielen Sie Dialoge nach folgendem Beispiel!

A: Hoćeš li kafu ili ..... ?

B: Hoću kafu. / Hoću ..... / Hvala. Neću ništa.

a)

kafa (Kaffee) čaj (Tee)

b)

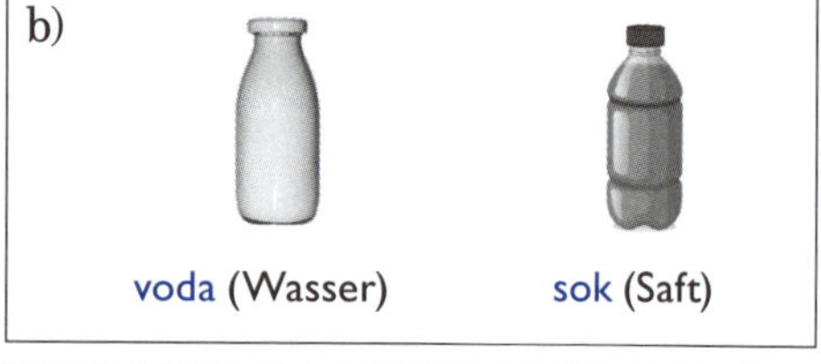

voda (Wasser) sok (Saft)

c)

vino (Wein) pivo (Bier)

d)

konjak (Cognac) rakija (Schnaps)

H4

2. **Hören und sprechen Sie nach!**

Brojevi od 0 do 10 (Zahlen von 0 bis 10)

0	1	2	3	4	5	6	7	8	9	10
nula	jedan	dva	tri	četiri	pet	šest	sedam	osam	devet	deset

3. **Lesen Sie den Dialog mit verteilten Rollen!**

A: Molim!
B: Izvinite, je li to stan Milenković?
A: Nije.
B: A je li to broj 66 33 221
A: Ne. Ovo je 66 35 221.
B: O, izvinite!

Spielen Sie weitere Dialoge nach diesem Muster!

4. **Schließen Sie nun Ihre Bücher und befragen Sie sich gegenseitig!**

A: Koji je tvoj broj telefona?
B: Moj broj telefona je ... , a tvoj?

Arbeit für Selbstlerner

H5

1. **Hören Sie und beantworten Sie die Fragen!**

a) Hoćeš li kafu ili čaj?
b) Hoćeš li vodu ili sok?

Stellen Sie nun weitere Fragen und geben Sie Antworten!

H6

2. **Hören und sprechen Sie nach!**

Brojevi od 0 do 10 (Zahlen von 0 bis 10)

0	1	2	3	4	5	6	7	8	9	10
nula	jedan	dva	tri	četiri	pet	šest	sedam	osam	devet	deset

3. **Lesen Sie den Dialog und schreiben Sie einen ähnlichen Text. Lesen Sie ihn dann laut vor.**

A: Molim!
B: Izvinite, je li to stan Milenković?
A: Nije.
B: A je li to broj 66 33 221?
A: Ne. Ovo je 66 35 221.
B: O, izvinite!

➲ Landeskunde

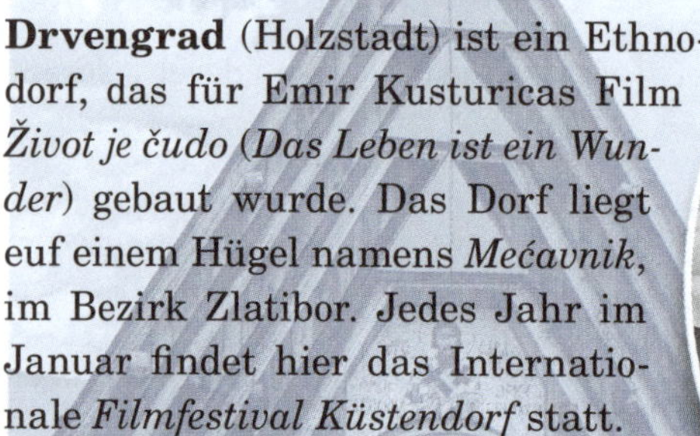

Drvengrad (Holzstadt) ist ein Ethnodorf, das für Emir Kusturicas Film *Život je čudo* (*Das Leben ist ein Wunder*) gebaut wurde. Das Dorf liegt euf einem Hügel namens *Mećavnik*, im Bezirk Zlatibor. Jedes Jahr im Januar findet hier das Internationale *Filmfestival Küstendorf* statt.

Zlatibor ist eine Bergregion im westlichen Teil Serbiens, 240km von Belgrad entfernt. Mit zahlreichen Heilbädern und Einrichtungen für den Wintersport ist es eines der bedeutendsten touristischen Gebiete Serbiens. Die größte Stadt der Region und Hauptverwaltungssitz des gleichnamigen Bezirks ist *Užice*.

Lektion 7

Jedan radni dan (Ein Arbeitstag)

H1

Im Folgenden lernen Sie die einfachsten Sätze für ein Gespräch an einer Hotelrezeption:

Imam rezervisanu sobu.	Vaš pasoš molim!	Izvolite ključ!	(1.) sprat, soba (17)
Ich habe ein Zimmer reserviert.	Ihren Pass, bitte!	Ihr Schlüssel, bitte!	1. Stock, Zimmer 17

Außerdem lernen Sie, den eigenen Essenswunsch zu äußern und nach dem Essenswunsch anderer zu fragen:

Ja ću (burek).	Šta ćeš ti?
Ich nehme / möchte (einen Börek).	Was nimmst / möchtest du?

H2

Heute ist Sonntag, einer dieser Tage, an denen Marko arbeiten muss, wenn andere sich ausruhen. Mit einem starken Kaffee versucht er sich auf Vordermann zu bringen und macht sich auf den Weg zur Arbeit.

Um 8.00 empfängt er den ersten Gast.

Marko:	Dobro jutro, izvolite!	Guten Morgen, bitte schön.
Gost:	Dobro jutro!	Guten Morgen!
	Ja sam Dušan Jović.	Ich bin Dušan Jović.
	Imam za danas rezervisanu sobu.	Ich habe für heute ein Zimmer reserviert.
Marko:	Momenat.	Einen Moment.

Er schaut im Computer nach der Reservierung.

Marko:	Vaš pasoš molim.	Ihren Reisepass, bitte.

Gost:	Izvolite.	Bitte!
Marko:	Hvala!	Danke!

Nach einer Weile:

Marko:	Soba broj 15, prvi sprat levo. Izvolite ključ i prijatan boravak!	Zimmer Nummer 15, erster Stock links. Bitte schön, Ihr Schlüssel, und einen angenehmen Aufenthalt.
Gost:	Hvala lepo!	Dankeschön!

In der Pause möchte Marko eine Kleinigkeit vom Bäcker holen. Er sagt zu seiner Kollegin:

Marko:	Ja ću burek. Šta ćeš ti?	Ich nehme einen Börek. Was nimmst du?
Koleginica:	Ja ću kiflu i kiselo mleko.	Ich nehme ein Hörnchen und Dickmilch.

H3
Wörterliste

Serbisch	Deutsch
boravak *m*	Aufenthalt
burek[12]	Börek
danas	heute
gost m, gošća *f*	Gast
hteti	wollen, nehmen
Ja ću sok.	Ich nehme einen Saft.
imati	haben
Imam pasoš.	Ich habe einen Reisepass.
kifla[13] *f*	Hörnchen
kiseo, -ela, -elo	sauer
kiselo mleko *n*	Dickmilch
ključ *m*	Schlüssel
kolega *m*, koleginica *f*	Kollege, in

Serbisch	Deutsch
mleko *n*	Milch
momenat *m*	Moment
Momenat!	Einen Moment!
pasoš *m*	Reisepass
prijatan, -tna, -tno	angenehm
Prijatan boravak!	Angenehmen Aufenthalt!
prvi, -a, -o	erster, -e, -es
radni, -a, -o	Arbeits-
radni dan	Arbeitstag
rezervisan, -a, -o	reserviert
sprat *m*	Stock
za	für

12 türk. *Börek*
13 dt. *Kipferl*

➲ Grammatik im Überblick

1. Verb

Verb **hteti** (wollen, Konjunktiv-II-Formen des Verbes mögen, nehmen) im Präsens (Kurzformen)

Sg.	1.	ja **ću**	ich will
	2.	ti **ćeš**	du willst
	3.	on, ona, ono **će**	er, sie, es will

Pl.	1.	mi **ćemo**	wir wollen
	2.	vi **ćete**	ihr wollt
	3.	oni, one, ona **će**	sie wollen

Sie-Anrede	Vi **ćete**	Sie wollen

Die Kurzformen vom Verb **hteti** benutzt man u.a. bei der Bestellung von Essen und Trinken: Ja ću burek. (Im Sinne von: Ich nehme / möchte einen Börek.) Gleichermaßen wie die Kurzformen des Verbs **sein** können die Kurzformen des Verbs **hteti** nie am Anfang des Satzes stehen, weder im Frage- noch im Aussagesatz. An dieser Stelle müssen die Langformen gebraucht werden: ~~Ćeš~~ burek? Hoćeš (li) burek?

2. Nomen

Akkusativ (vollständig)

	Singular				Plural		
m	gost**a**, hotel	**-a**, **-Ø**	den Gast, das Hotel	→	gost**e**, hotel**e**	**-e**, **-e**	die Gäste, die Hotels
f	sob**u**	**-u**	das Zimmer	→	sob**e**	**-e**	die Zimmer
n	jelo, piće	**-Ø**	die Speise, das Getränk	→	jel**a**, pić**a**	**-a**	die Speisen, die Getränke

Die Kategorie der Belebtheit, die sich bei maskulinen Singularformen als wichtig erweist, spielt im Plural keine Rolle: Sowohl belebte als auch unbelebte Maskulina haben im Plural die gleichen Endungen. goste hotele

Aufgaben

Arbeit im Unterricht

H4

1. Hören und sprechen Sie nach!

Brojevi od 10 do 20 (Zahlen von 10 bis 20)

11	12	13	14	15
jedanaest	dvanaest	trinaest	četrnaest	petnaest

16	17	18	19	20
šesnaest	sedamnaest	osamnaest	devetnaest	dvadeset

2. Bereiten Sie ein paar einfache Mathematikaufgaben vor und fragen Sie eine Person aus der Klasse!

3 + 9 = ? Koliko je tri plus devet? (Wie viel ist drei plus neun?)
12 Dvanaest. (Zwölf.)

3. Recepcioner (r) ili gost (g)? Lesen Sie die Aussagen und entscheiden Sie: Wer sagt was?

1. Vaš pasoš molim.	*r*	2. Imam za danas rezervisanu sobu.		3. Moje ime je ...	
4. Izvolite moj pasoš.		5. Soba broj 12, prvi sprat desno.		6. Prijatan boravak!	

4. Hier ist die Speisekarte einer Imbissbude. Lesen und spielen Sie Dialoge!
A: Ja ću kafu. Šta ćeš ti? B: Ja ću pivo.

Pića	**Getränke**
Kafa	Kaffee
Coca Cola	Coca Cola
Pivo	Bier

Jela	**Speisen**
Ćevapi	Hackröllchen
Pljeskavica	Hacksteak
Ražnjići	Fleischspieße

Dodac	**Ergänzungen**
Ajvar	Ajvar
Kajmak	Kajmak
Luk	Zwiebeln

Arbeit für Selbstlerner

H5

1. Hören Sie und sprechen Sie nach!

Brojevi od 10 do 20 (Zahlen von 10 bis 20)

11	12	13	14	15
jedanaest	dvanaest	trinaest	četrnaest	petnaest

16	17	18	19	20
šesnaest	sedamnaest	osamnaest	devetnaest	dvadeset

H6

2. Hören Sie und beantworten Sie die Fragen!

1. Koliko je 3 + 9? 2. Koliko je 5 + 9? 3. Koliko je 3 + 7? 4. Koliko je 8 + 8?

Stellen Sie nun weitere Fragen und geben Sie Antworten!

3. Recepcioner (r) ili gost (g)? Lesen Sie die Aussagen und entscheiden Sie: Wer sagt was?

1. Vaš pasoš molim.	r	2. Imam za danas rezervisanu sobu.		3. Moje ime je …	
4. Izvolite moj pasoš.		5. Soba broj 12, prvi sprat desno.		6. Prijatan boravak!	

H7

4. Hören Sie und beantworten Sie die Fragen!

1. Ja ću kafu. Šta ćeš ti? — 2. Ja ću pivo. Šta ćeš ti? — 3. Ja ću ćevape. Šta ćeš ti? — 4. Ja ću kajmak. Šta ćeš ti?

Stellen Sie nun weitere Fragen und geben Sie Antworten!

➲ Landeskunde

Burek (Börek) ist ein Teiggericht, das traditionell mit Hackfleisch gefüllt und auf Backblechen gebacken wird. Es ist ein wichtiger Bestandteil der serbischen Küche wie des gesamten Balkans.

Ćevapi (Hackröllchen), **Pljeskavica** (Hacksteak), **Ražnjići** (Fleischspieße) sind allesamt Grillspezialitäten, die in Serbien und anderen Ländern der Balkanhalbinsel verbreitet sind. Sie werden in einem Somun serviert, begleitet von rohen Zwiebeln, Ajvar oder Kajmak.

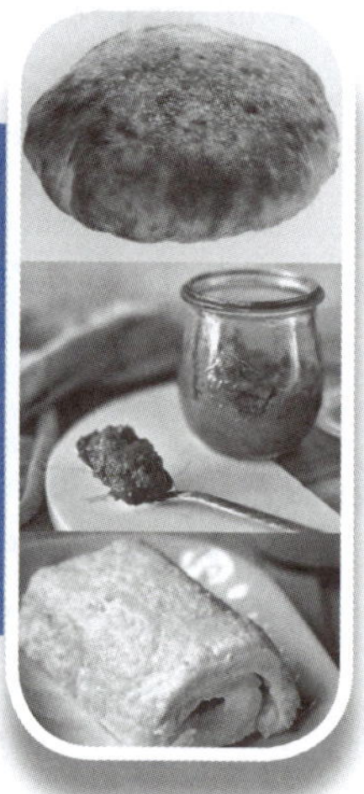

Somun – eine Art Fladenbrot, in dem Grillspezialitäten serviert werden

Ajvar – ein Aufstrich aus Paprika und Auberginen

Kajmak – eine Art Sauerrahm

Šta radiš? (Was machst du?)

H1

In dieser Lektion lernen Sie Alltagsaktivitäten zu nennen und jemanden auf ein Getränk einzuladen.

Kuvam. Ich koche.	Peglam. Ich bügele.	Slušam muziku. Ich höre Musik.	Čitam knjigu. Ich lese ein Buch.

Hoćemo li na piće? Wollen wir etwas trinken gehen?	Hoćemo! Wollen wir!	Može! Geht klar!	Važi! Okay! Abgemacht!

H2

Marko gehört nicht unbedingt zu denjenigen, die viel auf ihre Ernährung achten. Er kocht eher ungern und daher selten sowie mit Vorliebe unter Verwendung von Fertigprodukten. Heute hat er jedoch Lust, kulinarisch tätig zu werden: Mit viel Geduld schneidet er Gemüse, das er vor wenigen Stunden auf dem *Kalenić*-Markt gekauft hat. Da klingelt das Telefon:

Marko:	Ćao mama!	Hallo, Mama!
Mama:	Ćao sine! Šta radiš?	Hallo, mein Sohn! Was machst du?
Marko:	Evo spreman ručak.	Ich bereite gerade das Mittagessen vor.
Mama:	Ako sine ako! Šta kuvaš?	Das ist gut so, mein Kind! Was kochst du?
Marko:	Pasulj.	
Mama:	Lepo. A gde su ti cimeri?	Schön. Wo sind deine Mitbewohner?
Marko:	Sanja nije ovde; ne znam gde je. A Stanko spava.	Sanja ist nicht hier; ich weiß nicht, wo sie ist. Und Stanko schläft.

Mama:	Hajde lepo ručaj!	Lass es dir schmecken!
	Ja sad moram na posao.	Ich muss jetzt zur Arbeit.
Marko:	Važi. Ćao mama.	Okay. Tschüss, Mama.
Mama:	Ćao.	Tschüss.

Nach dem Essen legt er sich ein wenig hin und scrollt sich am Handy durch die neuesten Twitter-Beiträge. Ein Benachrichtigungston unterbricht die laufende Musik[14].

Danilo 15. 15
Ćao, šta radiš?
Hallo, was machst du?

Marko 15. 17
Ništa posebno. Slušam muziku i čitam tvitove, a ti?
Nichts Besonderes. Ich höre Musik und lese Tweets, und du?

Danilo 15. 18
Gledam televiziju. Hoćemo li na piće?
Ich sehe fern. Wollen wir etwas trinken gehen?

Marko 15. 20
Kad? Sad?
Wann? Jetzt?

Danilo 15. 21
Ma ne. Uveče.
Ach, nein. Heute Abend.

Marko 15. 22
Dobro! Može!
Okay. Geht klar.

H3

Wörterliste

Serbisch	Deutsch
ako	wenn, falls
Ako, ako …	Das ist gut so.
čitati	lesen
Čitam knjigu.	Ich lese ein Buch.
gledati	schauen, sehen
Gledam televiziju.	Ich sehe fern.

Serbisch	Deutsch
hajde[15]	los, auf geht's
kad(a)	wann
knjiga *f*	Buch
kuvati	kochen
Kuvam pasulj.	Ich koche Bohnensuppe.
lepo *Adv.*	schön

14 «Gipsy Jazz; Bele ruže» («Gipsy Jazz; Weiße Rosen») – Šaban Bajramović

15 Gebräuchlicher Ausruf; türk. *haydi, hadi*

Serbisch	Deutsch
moći	können
Može!	Geht klar!
morati	müssen
muzika *f*	Musik
pasulj *m*	Bohnen, hier: Bohnen-suppe
peglati	bügeln
posebno	besonders
Ništa posebno.	Nichts Besonderes.
raditi	machen, arbeiten
Šta radiš?	Was machst du?
ručak *m*	Mittagessen

Serbisch	Deutsch
ručati	zu Mittag essen
sin *m*	Sohn
slušati	hören, zuhören
Slušam muziku.	Ich höre Musik.
spavati	schlafen
spremati (ručak)	zubereiten
televizija *f*	Fernsehen
tvit *m*	Tweet
uveče	am Abend, abends
važiti	gelten
Važi!	Okay! Abgemacht!

➲ Grammatik im Überblick

I. Verb

Im Präsens lassen sich die Verben nach dem Kennvokal in den Endungen in drei Klassen einteilen: die ***a***-Klasse, die ***e-/je***-Klasse, und die ***i***-Klasse.

Verben der *a*-Klasse im Präsens

		imati haben	**kuvati** kochen	**ručati** zu Mittag essen	**slušati** hören	**gledati** schauen	**čitati** lesen
Sg.	1. ja	im**am**	kuv**am**	ruč**am**	sluš**am**	gled**am**	čit**am**
	2. ti	im**aš**	kuv**aš**	ruč**aš**	sluš**aš**	gled**aš**	čit**aš**
	3. on, ona, ono	im**a**	kuv**a**	ruč**a**	sluš**a**	gled**a**	čit**a**
Pl.	1. mi	im**amo**	kuv**amo**	ruč**amo**	sluš**amo**	gled**amo**	čit**amo**
	2. vi	im**ate**	kuv**ate**	ruč**ate**	sluš**ate**	gled**ate**	čit**ate**
	3. oni, one, ona	im**aju**	kuv**aju**	ruč**aju**	sluš**aju**	gled**aju**	čit**aju**

Höflichkeitsform:	Vi	im**ate**	kuv**ate**	ruč**ate**	sluš**ate**	gled**ate**	čit**ate**

Die Verben der **a**-Klasse sind zumeist regelmäßige Verben, die im Infinitiv auf **a-ti** enden.
Die Präsensendungen sind: **-am**, **-aš**, **-a**, **-amo**, **-ate**, **-aju**.

Verneinungsformen

In seiner Verneinungsform verschmilzt das Verb **imati** (haben) wie auch die Verben **biti** (sein) und **hteti** (wollen) mit dem Wörtchen **ne**:

ja imam → ja **ne**mam

Bei der Verneinung anderer Verben wird ne getrennt vom Verb geschrieben:

ja kuvam → ja **ne** kuvam

2. Adverb

Adverbien der Zeit

Adverbien der Zeit antworten auf die Frage: **kad**(**a**) (wann). Kada? – Sutra.

sad(a) (jetzt) – posle / kasnije (später) – ujutru (am Morgen, morgens) – popodne (am Nachmittag, nachmittags) – uveče (am Abend, abends) – juče (gestern) – danas (heute) – sutra (morgen)

➲ Aufgaben

Arbeit im Unterricht

1. Ko šta radi?

Beschreiben Sie die Bilder! Benutzen Sie dabei passende Begriffe aus dem Kasten.

a) *On pegla.*

čitati knjigu ● slušati muziku ● peglati ● spremati ručak ● kuvati kafu ● gledati televiziju ● ručati ● spavati

a) 

b) 

c) 

d) 

e) 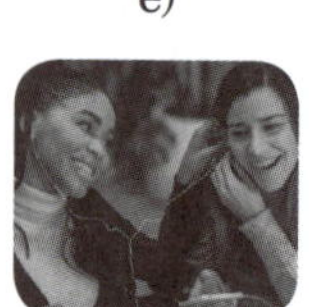

2. **Lesen Sie den Dialog und spielen Sie miteinander weitere Dialoge nach diesem Muster.**

A: Hoćemo li na piće?	1. piće – uveče
B: Kad? Sad?	2. pica – popodne
A: Ma ne. Uveče.	3. ćevapi – sutra
B: Dobro, može.	4. grad – kasnije

Arbeit für Selbstlerner

1. s. ***Arbeit im Unterricht Nr. 1***

2. **Sprechen Sie eine Einladung auf ein Getränk aus.**

➲ Landeskunde

Kalenić pijaca (Kalenić-Markt) – der älteste und berühmteste grüne Markt Belgrads. Er befindet sich im Bezirk Vračar, weniger als einen Kilometer vom Tempel des Hl. Sava entfernt.

Bild: © Mister No, Kalenić pijaca, CC BY 3.0, https://upload.wikimedia.org/wikipedia/commons/a/a7/Kaleni%C4%87_pijaca_-_panoramio.jpg

Pasulj (Bohnen) – im deutschen Sprachraum als Serbische Bohnensuppe bekannt. Das ist eine Suppe (bzw. ein Eintopf) aus weißen Bohnen, Paprika, Zwiebeln, Knoblauch und Fleisch (Rauchfleisch, Speck oder Wurst), die mit regionalen Gewürzen verfeinert wird.

Bild: © Ivana Sokolović, Pasulj, CC BY 2.0, https://commons.wikimedia.org/wiki/File:Pasulj_(10291407826).jpg

Lektion 9

Poseta (Besuch)

H1

Im Folgenden lernen Sie noch einen Ausdruck, den Sie als Gastgeber / Gastgeberin gebrauchen könnten:

Jesi / Jeste li za (kafu)? Möchtest du / Möchten Sie (einen Kaffee)?	→	Može, hvala. Ja, danke.	Ne, hvala. Nein, danke.

Zudem lernen Sie den Wochentag zu erfragen und Fragen zu einer bevorstehenden Reise zu stellen:

Koji je danas dan? Welchen Wochentag haben wir heute?	→	Danas je ponedeljak. Heute ist Montag.

Kuda ideš / idete? Wohin fährst du / fahren Sie?	→	U (Beč). Nach (Wien).	Kad(a) ideš / idete? Wann fährst du / fahren Sie?	→	U (subotu). Am (Samstag).

H2

Samstagvormittag. Markos Schwester ist zu Besuch gekommen. Zusammen plaudern sie in der Küche.

Da kommt Sanja herein und stellt sich vor.

Sanja:	Ćao, ja sam Sanja.	Hallo, ich bin Sanja.
Tamara:	Drago mi je. Tamara.	Es freut mich, ich bin Tamara.
Sanja:	Jesi li za kafu?	Möchtest du einen Kaffee?
Tamara:	Može, hvala.	Ja, danke.

Sanja serviert den Kaffee und setzt sich an den Tisch.

Sanja:	Evo izvoli!	Bitte!

Tamara:	Hvala.	Danke.
Sanja:	Marko kaže da u ponedeljak putuješ u Niš.	Marko sagt, dass du am Montag nach Niš verreist.
Tamara:	Da, tačno. Moja drugarica studira tamo, pa idem u posetu.	Ja, das stimmt. Meine Freundin studiert dort, und ich fahre sie besuchen.

Nachher will Tamara etwas zu essen vorbereiten.

Tamara:	Je li ovo posuda za šećer?	Ist das ein Zuckerbehälter?
Marko:	Ne. To je posuda za so, a ovo je posuda za šećer.	Nein. Das ist ein Salzstreuer und das ist eine Zuckerdose.
Tamara:	Aha.	

H3

Wörterliste

Serbisch	Deutsch
biti za nešto	etwas haben wollen
Jesi li za piće?	Möchtest du ein Getränk?
da	dass
Marko kaže da …	Marko sagt, dass…
drago *Adv.*	angenehm
Drago mi je.	Es freut mich.
ići	gehen
Idem u posetu.	Ich gehe zu Besuch.
kazati	sagen
Marko kaže, da …	Marko sagt, dass …
kud(a)	wohin
meni / mi	mir
pa	und, doch

Serbisch	Deutsch
.. pa idem u posetu.	… und ich gehe zu Besuch.
ponedeljak *m*	Montag
poseta *f*	Besuch
posuda *f*	Behälter, Dose
posuda za so	Salzstreuer
posuda za šećer	Zuckerdose
putovati	reisen, verreisen
Kada putuješ?	Wann verreist du?
so *f*	Salz
studirati	studieren
Ona studira tamo.	Sie studiert dort.
subota *f*	Samstag
šećer[16] *m*	Zucker

16 türk. *šeker* ← pers. *šakar*

➲ Grammatik im Überblick

1. Verb

Verben der e-Klasse im Präsens

		moći können	**kazati** sagen	**ići** gehen	**doći** kommen	**jesti** essen	**piti** trinken	**putovati** reisen
Sg.	1. ja	mogu	kaž**em**	id**em**	dođ**em**	jed**em**	pi**jem**	putu**jem**
	2. ti	mož**eš**	kaž**eš**	id**eš**	dođ**eš**	jed**eš**	pi**ješ**	putu**ješ**
	3. on, ona, ono	mož**e**	kaž**e**	id**e**	dođ**e**	jed**e**	pi**je**	putu**je**
Pl.	1. mi	mož**emo**	kaž**emo**	id**emo**	dođ**emo**	jed**emo**	pi**jemo**	putu**jemo**
	2. vi	mož**ete**	kaž**ete**	id**ete**	dođ**ete**	jed**ete**	pi**jete**	putu**jete**
	3. oni, one	mog**u**	kaž**u**	id**u**	dođ**u**	jed**u**	pi**ju**	putu**ju**

Sie-Anrede	Vi	mož**ete**	kaž**ete**	id**ete**	dođ**ete**	jed**ete**	pi**jete**	putu**jete**

Die meisten Verben der **e**-Klasse sind unregelmäßig und können im Infinitiv unterschiedliche Endungen haben: **-ći**, **-ati**, **-eti**, **-iti**, **-sti**, usw.

Die Präsensendungen sind: **-em**, **-eš**, **-e**, **-emo**, **-ete**, **-u**. Bei einigen Verben werden diese Endungen durch ein **-j** erweitert: piti – pijem, putovati – putujem

Eine Besonderheit haben die Verben **moći** (können) und **hteti** (wollen), die in der 1. Person Singular nicht auf **-em**, sondern auf **-u** enden: mogu, hoću

2. Präposition

Präpositionen mit Akkusativ

za (für)	Ovo je šolja za kafu.	Das ist eine Kaffeetasse.
u (in)	Idem u pekaru.	Ich gehe zur Bäckerei.
na (an, auf)	Idemo **na** kafu.	Wir gehen auf einen Kaffee.

Einige Präpositionen können mit einem und einige können mit zwei Kasus stehen:

- Die Präposition **za** kommt nur in Verbindung mit dem Akkusativ vor.
- **U** und **na** stehen manchmal mit Akkusativ und manchmal mit Lokativ[17].

17 Präpositionen mit Lokativ lernen Sie in der Lektion 13.

Sie verlangen den Akkusativ, wenn sie eine Richtung angeben und auf die Frage **kuda** (wohin) antworten: Kuda ideš? – Idem u pekaru.

Die Angabe der Wochentage erfolgt durch die Präposition **u** in Verbindung mit dem Wochentag im Akkusativ: Kad putuješ? – U ponedeljak.

➲ Aufgaben

Arbeit im Unterricht

1. Sie haben Besuch. Bieten Sie Ihrem Gast etwas zum Trinken/Essen an!

A: Hoćeš li / Jesi li za …?

B: …

H4

2. Hören und sprechen Sie nach!

Dani u nedelji (Wochentage)

ponedeljak	utorak	sreda	četvrtak	petak	subota	nedelja

3. Beantworten Sie die Fragen.

Koji je danas dan?	A sutra?	A prekosutra?
(Welcher Tag ist heute?)	(Und morgen?)	(Und übermorgen?)

4. Lesen Sie den Dialog mit verteilten Rollen und spielen Sie weitere Dialoge!

A: Jovana kaže da Zorica ide u Beč.
B: Da, tačno.
A: Pa kad putuje?
B: U ponedeljak.

1. Zorica – Beč – ponedeljak
2. (ti) – Sofija – četvrtak
3. (vi) – Budimpešta – subota
4. Marko i Stanko – Istanbul – sreda

Arbeit für Selbstlerner

H5

1. **Hören Sie und beantworten Sie die Fragen!**
   Jesi li za kafu? Hoćeš li sok?

2. s. *Arbeit im Unterricht Nr. 2*

H6

3. **Hören und beantworten Sie die Fragen!**
   Koji je danas dan? A sutra? A prekosutra?

4. s. *Arbeit im Unterricht Nr. 4*

➲ Landeskunde

Niš ist nach Belgrad und Novi Sad die drittgrößte Stadt Serbiens. Sie liegt am Fluss Nišava im Südosten des Landes und zählt zu den ältesten Städten auf dem Balkan. Von der langen Geschichte zeugen u.a. eine römische Ruine, eine mittelalterliche Festung, ein türkisches Badehaus und eine Synagoge aus den 1920er-Jahren. Niš ist auch bekannt als Universitätsstadt und als Geburtsort des römischen Kaisers Konstantin des Großen, nach dem der Flughafen der Stadt benannt wurde.

Lektion 10

Žurka (Party)

H1

In dieser Lektion geht es um die Fragen nach der Herkunft und den Studienfächern sowie um Länder und ihre Hauptstädte:

Odakle si / ste? Woher kommst du / kommen Sie?	→	Ja sam iz (Srbije / Nemačke ...). Ich komme aus (Serbien / Deutschland ...).
Šta studiraš? Was studierst du?	→	Ja studiram (srpski / nemački ...). Ich studiere Serbisch / Deutsch ...).
Koji je glavni grad (Srbije)? Was ist die Hauptstadt von (Serbien)?	→	Glavni grad (Srbije) je (Beograd). Die Hauptstadt von (Serbien) ist (Belgrad).

H2

Heute ist 1. Mai, und viele sind in Feierlaune. Marko ist mit Milena, einer guten Freundin, in der City unterwegs. Da Belgrad ein Partymekka ist, findet man schnell Möglichkeiten, um Kontakte zu knüpfen.

Auf einer Bootsparty[18] in Ušće lernt er mehrere Leute in feierlicher Stimmung kennen.

Marko:	Super žurka, zar ne?	Tolle Party, nicht wahr?
Štefi:	Jeste. Fantastična.	Ja, die ist fantastisch.
Marko:	Inače, ja sam Marko.	Übrigens, ich bin Marko.
Štefi:	Štefi, drago mi je.	Es freut mich, ich bin Steffi.
Marko:	Imaš lepo ime.	Du hast einen schönen Namen.
	Ti nisi iz Srbije, zar ne?	Du kommst nicht aus Serbien, nicht wahr?

18 «Prvi maj» («Erster Mai: Tag der Arbeit»)– Dubioza kolektiv

Štefi:	Ne, nisam. Ja sam iz Nemačke.	Nein, ich komme aus Deutschland.
Marko:	Iz kojeg grada?	Aus welcher Stadt?
Štefi:	Iz Berlina.	Aus Berlin.
Marko:	A šta radiš u Beogradu?	Und was machst du in Belgrad?
Štefi:	Studiram srpski i istoriju.	Ich studiere Serbisch und Geschichte.
Milena ruft:	Marko, dođi na trenutak.	Marko, komm kurz her.
Marko (zu Štefi):	Izvini, samo momenat.	Einen Augenblick, bitte.
Kurz darauf:		
Milena (zu ihren Cousinen):	Ovo je moj drug Marko.	Das ist mein Freund Marko.
Milena (zu Marko):	Marko, ovo su Natalija i Olivera, moje rođake iz Niša.	Marko, das sind Natalija und Olivera, meine Cousinen aus Niš.
Marko:	Marko, drago mi je.	Marko, es freut mich.

H3

Wörterliste

Serbisch	Deutsch
doći	kommen
Dođi na trenutak!	Komm kurz her!
fantastičan, -čna, -čno	fantastisch
glavni, -a, -o	Haupt-
grad *m*	Stadt
glavni grad *m*	Hauptstadt
istorija *f*	Geschichte
iz	aus, von
kojeg (Gen. von koji)	welcher
momenat *m*	Moment

Serbisch	Deutsch
Nemačka *f*	Deutschland
nemački (jezik) *m*	Deutsch
odakle	woher
rođak m, rođaka *f*	Cousin, e
Srbija *f*	Serbien
srpski (jezik) *m*	Serbisch
studirati	studieren
Studiram srpski.	Ich studiere Serbisch.
Zar ne?	Nicht wahr?
žurka *f*	Party

➲ Grammatik im Überblick

1. Nomen

Genitiv (Singular)

Der Genitiv stellt in der serbischen Sprache den zweiten Fall dar und kann - wie auch im Deutschen – mit und ohne Prapäsitionen gebraucht werden:
Gospodin Marić je iz Beograda. Beograd je glavni grad Srbije.

m	grada	-a	der Stadt
f	države	-e	des Staates
n	sela	-a	des Dorfs

Im Genitiv Singular haben maskuline und neutrale Nomen die gleiche Endung: **-a**.

2. Präposition

Präpositionen mit Genitiv

In Verbindung mit folgenden Präpositionen lässt sich der Genitiv mithilfe der Fragewörter **gde?** (wo?), **odakle?** (woher?) **od, bez** ... **koga / čega?** (woraus?, ohne wen/was?) bestimmen.

Gde se nalazi Potsdam? Kraj Berlina.
Odakle je Štefi? Iz Berlina.
Od čega je sok? Od pomorandže (Orange).

bez (ohne) • **iz / s(a)** (aus, von) • **kraj** (neben) • **kod** (bei) • **od** (aus, von)

Um auf die Frage **odakle** (woher?) zu antworten, benutzt man die Präpositionen **iz**, **s(a)**.

- Die Präposition **iz** entspricht der Präposition **s(a)**; die Präposition **u** entspricht der Präposition **na**.

  + Gen Odakle ideš? – **Iz** grada. **+ Akk.** Kuda ideš? – **U** grad.
  Odakle ideš? – **S** pijace. Kuda ideš? – **Na** pijacu.

Die Variante sa wird benutzt, wenn das darauffolgende Bezugswort mit den Konsonanten **s**, **š**, **z**, **ž** beginnt: **s** mora aber **sa** sela.

➲ Aufgaben

Arbeit im Unterricht

H4

1. Hören Sie und sprechen Sie nach!

država (Staat)	glavni grad (Hauptstadt)
Nemačka	Berlin
Austrija	Beč
Švajcarska	Bern
Srbija	Beograd
Mađarska	Budimpešta
Rumunija	Bukurešt
Bugarska	Sofija
Francuska	Pariz

država (Staat)	glavni grad (Hauptstadt)
Engleska	London
Italija	Rim
Španija	Madrid
Rusija	Moskva
Turska	Ankara
Kina	Peking
Japan	Tokio
SAD	Vašington

2. Suchen Sie ein paar Länder aus und fragen Sie einander nach ihren Hauptstädten!

A: Koji je glavni grad Nemačke? B: ..... .

3. Fragen Sie einander und antworten Sie!

A: Odakle je Jens? B: Iz ..... .
A: Iz kojeg grada? B: Iz ..... .

Jens – Austrija – Beč • Žarko – Srbija – Niš • Akira – Japan – Osaka • Đina – Italija – Rim • Tao – Kina – ?

Odakle ste Vi? Iz kojeg grada?

H5

4. Studienfächer. Hören Sie und sprechen Sie nach!

1. medicina (Medizin) — 2. matematika (Mathematik) — 3. informatika (Informatik)
4. ekonomija — (VWL) — 5. prava (Jura) — 6. hemija (Chemie)
7. geografija (Geographie) — 8. istorija (Geschichte) — 9. arhitektura (Architektur)

Arbeit für Selbstlerner

1. s. *Arbeit im Unterricht Nr. 1*

H6

2. **Hören Sie und beantworten Sie die Fragen.**
   Koji je glavni grad Nemačke? Koji je glavni grad Mađarske?
   Koji je glavni grad Italije? Koji je glavni grad Japana?
   Stellen Sie nun weitere Fragen und geben Sie Antworten!

H7

3. **Hören Sie die Fragen und antworten Sie!**

Odakle je Jens? Iz kojeg grada? Odakle je Žarko? Iz kojeg grada? Odakle je Akira? Iz kojeg grada? Odakle je Đina? Iz kojeg grada? Odakle je Tao? Iz kojeg grada? Odakle ste Vi? Iz kojeg grada?

H8

4. s. *Arbeit im Unterricht Nr. 4*

➲ Landeskunde

Ušće – Stadtteil von Belgrad, bekannt für sein reges Nachtleben, besonders für seine Partybote und Floß-Nachtclubs, die zum guten Image und zur Bekanntheit der Stadt beitragen. Ušće liegt im Bezirk Novi Beograd, am Zusammenfluss von Save und Donau.

Novi Sad – die zweitgrößte Stadt Serbiens und Hauptstadt der autonomen Provinz Vojvodina. Sie ist ein wichtiges Wirtschafts- und Kulturzentrum mit zahlreichen Hochschulen, Museen und historischen Bauwerken. Herausragende Veranstaltungen wie das Musikfestival *Exit* haben die Stadt überregional bekannt gemacht. Für das Jahr 2021 wurde Novi Sad der Titel Kulturhauptstadt Europas verliehen.

Landeskunde – Test 2

Welche Antwort ist richtig? Kreuzen Sie an!

1. **Welcher Staat grenzt im Norden an Serbien?**
   a) Montenegro b) Ungarn c) Albanien

2. **Republik Serbien ist der offizielle Name für den Staat Serbien. Wie lautet er auf Serbisch?**
   a) Republika Srpska b) Srpska Republika c) Republika Srbija

3. **Wo befindet sich Zlatibor, eines der größten Skigebiete Serbiens?**
   a) in Westserbien b) in Ostserbien c) in Südserbien

4. **Welche Veranstaltung findet jährlich in Drvengrad statt?**
   a) internationales Film- und Musikfestival b) Theaterfestspiele c) Wintersport-Spiele

5. **Wie heißt der bekannteste grüne Markt Belgrads?**
   a) Blok 44 b) Kalenić-Markt c) Bajloni-Markt

6. **Wofür ist Belgrader Stadtteil Ušće bekannt?**
   a) Kirchen und Museen b) Blumenfest c) reges Nachtleben

7. **Wo liegt die Stadt Niš?**
   a) Vojvodina b) Zentralserbien c) Kosovo und Metochien

8. **Welche Persönlichkeit wurde in Niš geboren?**
   a) Konstantin der Große b) Heiliger Sava c) Kaiser Dušan

9. **Wo findet das Musikfestival *Exit* statt?**
   a) Niš b) Novi Sad d) Smederevo

10. **Es ist eine Art Sauerrahm, die zu Grillspezialitäten serviert wird. Wie nennt man sie auf Serbisch?**
    a) Ajvar b) Kajmak c) Somun

11. **Unter welchem Namen ist Serbische Bohnensuppe in Serbien bekannt?**
    a) Paprikaš b) Kačamak c) Pasulj

Punkte: ……../ 11

Lektion 11

Svadba (Hochzeitsfeier)

H1

In dieser Lektion lernen Sie, Nationalitäten, Sprachen und das Alter zu erfragen und zu nennen:

Šta si / ste po nacionalnosti? Welche Nationalität hast du / haben Sie?	→	Ja sam Srbin / Nemac. Ich bin Serbe / Deutscher.
Koji jezik govoriš / govorite? Welche Sprache sprichst du / sprechen Sie?	→	Govorim (srpski, nemački ...). Ich spreche (Serbisch, Deutsch ...).
Koliko imaš / imate godina? Wie alt bist du / sind Sie?	→	Imam (dvadeset osam) godina. Ich bin (28) Jahre alt.

Außerdem lernen Sie den Spruch, den man beim Anstoßen verwendet:

Živeli!
Zum Wohl! / Prost!

H2

Seit Marko und Steffi sich kennengelernt haben, sind nunmehr zwei Wochen vergangen. Jetzt trifft er sie auf der Hochzeit seiner Freunde wieder. Nach der Trauung in der Kirche des Hl. Markus geht die Hochzeitsgesellschaft ins Kafana *Tri Šešira*, wo das Fest bis in die frühen Morgenstunden andauert.

Die Stimmung ist locker[19]. Marko möchte Steffi zuprosten, merkt aber, dass ihr Glas fast leer ist:

Marko:	Vidi, pa ti ništa ne piješ.	Na, du trinkst ja gar nichts.
	Hoćeš malo vina?	Möchtest du ein bisschen Wein?
Štefi:	Hoću hvala.	Ja, danke.

Nun stoßen sie mit vollen Gläsern an:

Marko:	Živeli!	Zum Wohl!

19 «I tebe sam sit kafano» («Auch dich habe ich satt, Café») – Haris Džinović

Štefi:	Živeli!	Zum Wohl!
Marko:	Nego, kako to da tako dobro govoriš srpski?	Übrigens, wieso sprichst du so gut Serbisch?
	Znam da studiraš slavistiku, ali svejedno.	Ich weiß, dass du Slawistik studierst, aber trotzdem.
Štefi:	Pa moja majka je Srpkinja.	Na ja, meine Mutter ist Serbin.
Marko:	Aha.	Aha.
Štefi:	A ti si baš iz Beograda?	Und du kommst direkt aus Belgrad?
Marko:	Da, ja sam ovde rođen.	Ja, ich bin hier geboren.
Štefi:	Koliko imaš godina?	Wie alt bist du?

Die Musik[20] wird lauter.

Marko:	Dvadeset pet, a ti?	Fünfundzwanzig, und du?
Štefi:	Ništa ne čujem.	Ich höre nichts.
Marko:	Nema veze.	Das macht nichts.
	Hajde da igramo kolo.	Lass uns Kolo tanzen gehen.

H3
Wörteliste

Serbisch	Deutsch
ali	aber
baš	gerade, richtig, direkt
čaša *f*	Glas
godina *f*	Jahr
govoriti	sprechen
Govorim srpski.	Ich spreche Serbisch.
igrati	tanzen, spielen
Hajde da igramo.	Lass uns tanzen gehen.
jezik *m*	Sprache
koliko	wie viel
kolo *n*	Reigentanz
majka *f*	Mutter

Serbisch	Deutsch
Nemac *m*, Nemica *f*	Deutscher, Deutsche
nego	übrigens
piti	trinken
Ti ništa ne piješ.	Du trinkst nichts.
rođen, -a, -o	geboren
Srbin, Srpkinja	Serbe, Serbin
svadba *f*	Hochzeit
svejedno	trotzdem
veza *f*	Verbindung
Nema veze.	Es macht nichts.
živeti	leben
Živeli!	Zum Wohl! Prost!

20 «Užičko kolo» – Dejan Petrović Big Band

➲ Grammatik im Überblick

I. Nomen

Genitiv (vollständig)

Der Genitiv ohne Präposition lässt sich durch die Fragewörter **koga?** (wen) / **čega?** (was?) / **čiji?** (wessen?) bestimmen und zeigt meistens Folgendes an:

- ein Besitzverhältnis oder eine Zugehörigket:
  Ovo je stan Mark**a** Marić**a**. Ovo je stan An**e** Ilić (1).
  Ovo je Markov (2) stan. Ovo je Anin (2) stan.

  Im Unterschied zu Maskulina bleibt der Nachname bei Feminina in seiner Grundform (1) stehen. Wird nur der Vor- oder Nachname genannt, benutzt man das Possessivadjektiv (2).

- eine Teilhabe; man findet ihn:

bei **ima** (es gibt) und **nema** (es gibt nicht)	**Ima** vin**a**.	**Nema** Mark**a**.
bei Mengenangaben	**čaša** piv**a**	**litar** vin**a**
bei Zahlen	22 godin**e** (1)	25 godin**a** (2)

Bei den Zahlen 2, 3, 4 wird der Genitiv Singular (1) und bei Zahlen ab 5 wird der Genitiv Plural (2) benutzt.

	Singular				Plural		
M	grad**a**	**-a**	der Stadt	→	gradov**a**	**-a**	der Städte
F	držav**e**	**-e**	des Staats	→	držav**a**	**-a**	der Staaten
N	sel**a**	**-a**	des Dorfs	→	sel**a**	**-a**	der Dörfer

Ein gutes Erkennungszeichen des Genitivs ist die Endung **-a**: Im Singular Femininum wird die Endung **-e** angehängt; alle übrigen Formen bekommen die Endung **-a**.

2. Verb

Verben der i- Klasse im Präsens

		ćutati schweigen	**voleti** lieben	**živeti** leben	**videti** sehen	**govoriti** sprechen	**učiti** lernen	**raditi** machen, arbeiten
Sg.	1. ja	ćut**im**	vol**im**	živ**im**	vid**im**	govor**im**	uč**im**	rad**im**
	2. ti	ćut**iš**	vol**iš**	živ**iš**	vid**iš**	govor**iš**	uč**iš**	rad**iš**
	3. on, ona, ono	ćut**i**	vol**i**	živ**i**	vid**i**	govor**i**	uč**i**	rad**i**
Pl.	1. mi	ćut**imo**	vol**imo**	živ**imo**	vid**imo**	govor**imo**	uč**imo**	rad**imo**
	2. vi	ćut**ite**	vol**ite**	živ**ite**	vid**ite**	govor**ite**	uč**ite**	rad**ite**
	3. oni, one	ćut**e**	vol**e**	živ**e**	vid**e**	govor**e**	uč**e**	rad**e**

Sie-Anrede	Vi	ćut**ite**	vol**ite**	živ**ite**	vid**ite**	govor**ite**	uč**ite**	rad**ite**

Die Verben der **i-** Klasse sind zumeist regelmäßige Verben, die im Infinitiv auf **-ati**, **-eti** und **-iti** enden.
Die Präsensendungen sind: **-im**, **-iš**, **-i**, **-imo**, **-ite**, **-e**.

➲ Aufgaben

Arbeit im Unterricht

H4

1. Hören Sie und sprechen Sie nach!

država (Staat)	**nacionalnost** (Nationalität)	**jezik** (Sprache)
Srbija	Srbin, Srpkinja	srpski
Rusija	Rus, Ruskinja	ruski
Italija	Italijan, Italijanka	italijanski
Španija	Španac, Špankinja	španski
Austrija	Austrijanac, Austrijanka	nemački
Nemačka	Nemac, Nemica	nemački
Grčka	Grk, Grkinja	grčki
Švajcarska	Švajcarac, Švajcarkinja	francuski, nemački, italijanski, retoromanski
Mađarska	Mađar, Mađarica	mađarski
Turska	Turčin, Turkinja	turski

država (Staat)	**nacionalnost** (Nationalität)	**jezik** (Sprache)
Francuska	Francuz, Francuskinja	francuski
Engleska	Englez, Engleskinja	engleski
SAD	Amerikanac, Amerikanka	engleski
Kina	Kinez, Kineskinja	kineski
Japan	Japanac, Japanka	japanski

2. Welche Nationalität haben die Tennisspieler?

Novak Đoković je ...

1. Novak Đoković 2. Rafael Nadal 3. Stefanos Cicipas
4. Danil Medvedev 5. Aleksandar Zverev 6. Rodžer Federer

3. Bilden Sie Dialoge nach folgendem Muster!

A: Govori li Štefi srpski?
B: Da, pa njena majka je .....

1. Štefi – srpski – njena majka – ?
2. Olga – ruski – njena majka – ?
3. Monika – italijanski – njena majka – ?
4. Stefan – rumunski – njegova majka?
5. Mario – mađarski – njegova majka – ?
6. Hana – nemački – njena majka – ?

H5

4. Hören und sprechen Sie nach!

Brojevi od 20 do 30 (Zahlen von 20 bis 30)

21	dvadeset jedan	22	dvadeset dva	23	dvadeset tri
24	dvadeset četiri	25	dvadeset pet	26	dvadeset šest
27	dvadeset sedam	28	dvadeset osam	29	dvadeset devet

Brojevi od 30 do 100 (Zahlen von 30 bis 100)

30	trideset	40	četrdeset	50	pedeset	60	šezdeset
70	sedamdeset	80	osamdeset	90	devedeset	100	sto

5. **Fragen und antworten Sie!**
Koliko imaš godina?
Koliko godina ima tvoj muž / otac / brat … tvoja žena / majka / sestra …?
Koji je tvoj maternji jezik (Muttersprache)?
Koje jezike još govoriš?

Arbeit für Selbstlerner

1. s. *Arbeit im Unterricht Nr. 1*

H6

2. **Hören Sie die Namen der Tennisspieler und ergänzen Sie ihre Nationalität!**

Novak Đoković je	....	Rafael Nadal je	....
Stefanos Cicipas je	....	Danil Medvedev je	....
Aleksandar Zverev je	....	Rodžer Federer je	....

3. **Hören Sie die Fragen und antworten Sie nach folgendem Muster:**

A: Govori li Štefi srpski?
B: Da, pa njena majka je Srpkinja.

Stellen Sie nun weitere Fragen und geben Sie Antworten!

4. s. *Arbeit im Unterricht Nr. 4*

5. **Hören Sie und beantworten Sie die Fragen.**

Koliko imaš godina? – Koliko godina ima tvoja majka / sestra …? – Koji je tvoj maternji jezik (Muttersprache)? – Koje jezike još govoriš?

Landeskunde

Crkva Svetog Marka (Kirche des Heiligen Markus) gilt nach dem Dom des Heiligen Sava als zweitgrößtes Gotteshaus des Landes; eine serbisch-orthodoxe Kirche, die im neo-byzantinischen Stil erbaut und dem Evangelisten Markus geweiht wurde. Sie steht im Tašmajdan Park in Belgrad nahe des Serbischen Parlaments.

Bild: © Milinko Radosavljević

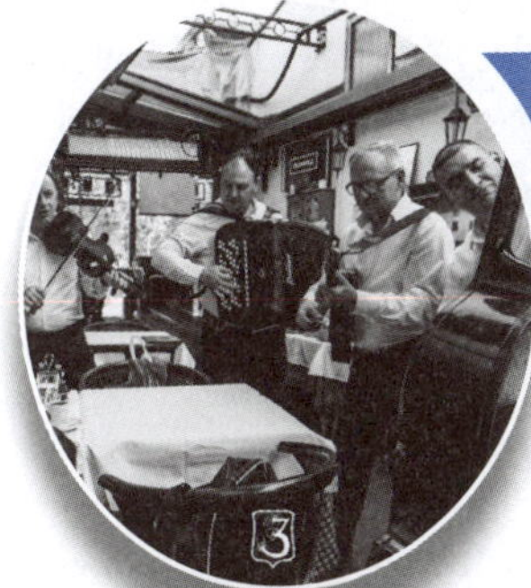

Kafana ist ein serbisches Traditionslokal, in dem hauptsächlich Kaffee und Alkohol, aber oft auch kleine Snacks und andere Speisen serviert weden. Die meisten dieser Lokale bieten Livemusik.

Bild: © https://trisesira.rs/galerija/

Tri Šešira (Drei Hüte) ist eine der berühmtesten Kafanas in Skadarlija, dem alten Bohème-Viertel Belgrads, das oft wegen seines Aussehens und seiner fröhlichen Atmosphäre mit dem Pariser Montmartre verglichen wird.

Bild: © https://trisesira.rs/galerija/

Kolo ist ein traditioneller serbischer Volkstanz, bei dem Tänzer beiderlei Geschlechts sich zu einem Reigen verbinden und synchron tanzen. Die dazugehörige gleichnamige Musik wird meistens auf einem Akkordeon oder einer Flöte gespielt.

Lektion 12

U prodavnici (Im Laden)

H1

In dieser Lektion geht es um das Erfragen und Angeben der Uhrzeit. Zudem lernen Sie in einem Lebensmittelgeschäft zu kommunizieren und Ihre Vorlieben bzw. Abneigungen zu äußern:

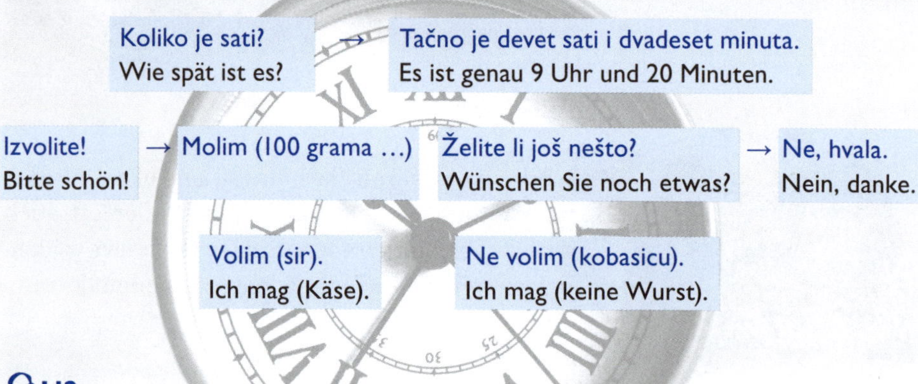

H2

Dienstagmorgen ist die beste Zeit zum Einkaufen. Marko steht, wie jeden Morgen, um sieben Uhr auf und füttert seinen Vierbeiner. Danach trinkt er einen Kaffee und macht sich auf den Weg zum Supermarkt.
Er steht vor dem Weinregal. Im Hintergrund läuft Musik[21]. Eine Dame nähert sich und spricht ihn an:

Gospođa:	Oprostite mladiću, koliko je sati?	Entschuldigung, junger Mann, wie spät ist es?
Marko:	Devet i dvadeset.	Es ist neun Uhr zwanzig.
Gospođa:	Hvala.	Danke.
Marko:	Molim.	Bitte.

Er legt eine Flasche Prokupac in den Korb und begibt sich zur Wurst- und Käsetheke:

Prodavačica:	Dobar dan! Izvolite!	Guten Tag! Bitteschön!

21 «Dođi u pet do pet» («Komm um fünf vor fünf») – Ambasadori

Marko:	Molim 200 grama Kačkavalja i 150 grama Kulena.	Ich hätte gerne 200 Gramm Kačkavalj-Käse und 150 Gramm Kulen.
Prodavačica:	Želite li još nešto?	Haben Sie noch einen Wunsch?
Marko:	Ne, hvala. To je sve.	Nein, danke. Das ist alles.

In der Obst- und Gemüseabteilung ruft er Stanko an:

Stanko:	Kaži!	Ich höre. (wörtlich: Sag es!)
Marko:	Nema mandarina. Šta da kupim?	Es gibt keine Mandarinen. Was soll ich kaufen?
Stanko:	Kupi onda pomorandže.	Kauf dann Orangen.
Marko:	Okej.	Okay.

H3

Wörterliste

Serbisch	Deutsch
da	dass
Šta da kupim?	Was soll ich kaufen?
gram *m*	Gramm
Kačkavalj *m*	eine Käsesorte
kobasica *f*	Wurst
Kulen *m*	eine Wurstsorte
kupiti	kaufen
Kupi mandarine.	Kauf Mandarinen.
mandarina *f*	Mandarine
minut *m*	Minute
mladić *m*	junger Mann
nešto	etwas
onda	dann

Serbisch	Deutsch
oprostiti	verzeihen, vergeben
Oprostite!	Verzeihen Sie!
pomorandža *f*	Orange
prodavač, prodavačica	Verkäufer, in
Prokupac *m*	eine Rebsorte
tebe / te	dich
sat *m*	Uhr, Stunde
sir *m*	Käse
sve	alles
voleti	mögen, lieben
Volim ribu.	Ich mag Fisch.
želeti	wünschen
Želite li još nešto?	Wünschen Sie noch etwas?

➲ Grammatik im Überblick

1. Satz

da-Konstruktion

Wie im Deutschen werden Modalverben auch im Serbischen mit einem Vollverb im Infinitiv benutzt.

Hoću **jesti.** (Ich will essen.) Darüber hinaus existiert im Serbischen jedoch auch eine Parallelkonstruktion, die in Form eines Nebensatzes anstelle des Infinitivs erscheint. Sie wird mit der Konjunktion **da** (dass) eingeleitet und heißt daher **da-Konstruktion**.

Hoću **da jedem.** (Ich will essen. Wörtlich: Ich will, dass ich esse.)

2. Verb

Imperativ

Der Imperativ ist der Modus des Befehls oder der Aufforderung.

Verbklasse	Infinitiv	1. P. Sg. Präsens	Imperativ Sg.	Imperativ Pl.
a-Klasse	gledati (schauen)	gledam (ich schaue)	gledaj!	gledajte!
e-Klasse	ići (kommen)	idem (ich komme)	idi!	idite!
e-Klasse + j	putovati (reisen)	putujem (ich reise)	putuj!	putujte!
i-Klasse	kupiti (kaufen)	kupim (ich kaufe)	kupi!	kupite!

Er wird gebildet, indem an den Präsensstamm folgende Endungen gefügt werden:

- Bei den Verben der a- Klasse werden die Endungen -aj / -ajte angefügt.
- Bei den Verben der e- und der i-Klasse werden die Endungen -i / -ite angehängt.
- Bei den Verben der e-Klasse mit j-Erweiterung wird im Singular keine Endung angefügt. Im Plural wird die Endung -te angehängt.

Der Imperativ vom Verb **biti** (sein) lautet: **Budi!** (Sei!) und **Budite!** (Seid!, Seien Sie!)

Bei der Verneinung der Imperativform gibt es zwei Möglichkeiten:

	Sg.	**Pl.**
1. Nemoj / Nemojte + Infinitiv	Nemoj gledati!	Nemojte gledati!
2. Nemoj / Nemojte + da Konstruktion	Nemoj da gledaš!	Nemojte da gledate!

➲ Aufgaben

Arbeit im Unterricht

1. Erledigen Sie folgende Aufgaben!

1.1 Koliko je sati? (Wie spät ist es?) Lesen Sie die Uhrzeiten ab!

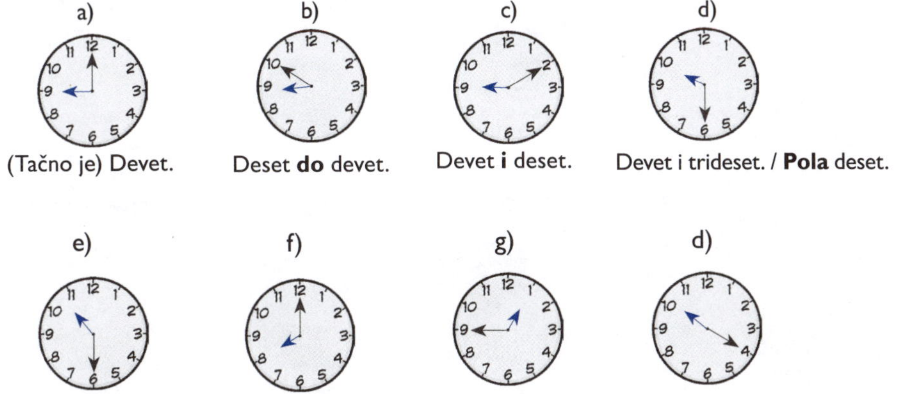

1.2 Fragen Sie nun Ihren Lernpartner / Ihre Lernpartnerin, wie spät es ist!

2. Berichten Sie!

Volim da jedem ...
Ne volim da jedem ...
Volim da pijem ...
Ne volim da pijem ...

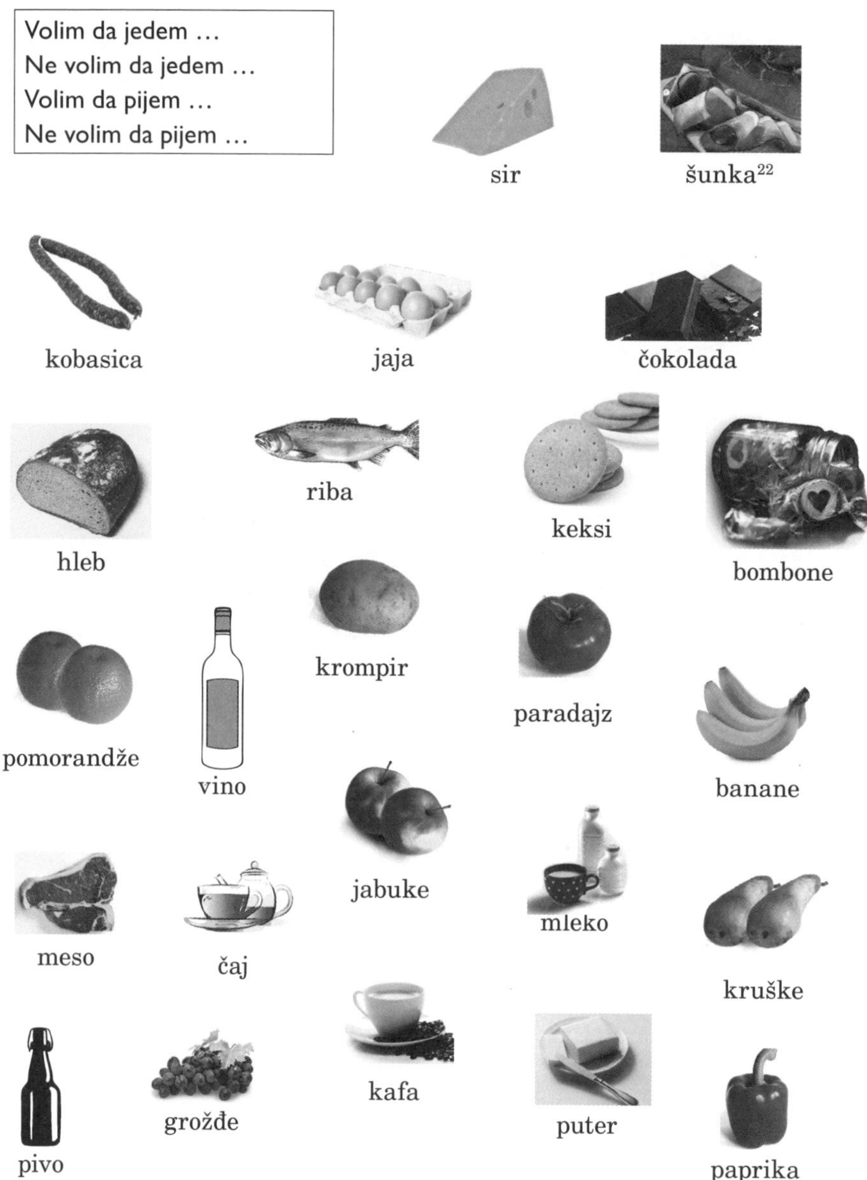

22 Die Wörter šunka, puter, keksi, krompir und paradajz sind Entlehnungen aus dem Deutschen bzw. Österreichischen: *Schinken, Butter, Kekse, Grundbirne* (dial.) und *Paradiesapfel* (österr.).

3. **Hören und sprechen Sie nach!**

Brojevi od 100 do 1000 (Zahlen von 100 bis 1000)

100	sto
200	dvesta
300	trista
400	četiristo
500	petsto

600	šeststo
700	sedamsto
800	osamsto
900	devetsto
1000	hiljada

101	sto jedan
111	sto jedanaest
121	sto dvadeset jedan
131	sto trideset jedan
141	sto četrdeset jedan

4. **Wählen Sie ein paar Lebensmittel aus der Liste (Übung 2) aus und spielen Sie Dialoge zwischen Käufer und Verkäufer.**

Mengenangaben: kilo (Kilo) • gram (Gramm) • litar (Liter) • flaša (Flasche) ...

Arbeit für Selbstlerner

1. **Erledigen Sie folgende Aufgaben!**
   1.1 s. *Arbeit im Unterricht Nr. 1.1*
   1.2 Beantworten Sie die Frage: Koliko je sada sati?

2. **Berichten Sie!**
   Šta volite da jedete i pijete? Šta ne volite da jedete i pijete?

3. **s. *Arbeit im Unterricht Nr. 3***

4. **Sie sind in einem Lebensmittelgeschäft und wollen ein paar Lebensmittel aus der Liste (Übung 2 oben) kaufen. Formulieren Sie Fragen.**

Prokupac – eine autochtone Rebsorte aus Serbien, die kraftvolle, fruchtig-würzige Rotweine sowie dunklen Rosé ergibt. Es ist unbestritten die beliebteste Traube im Land. Man nennt sie deshalb «Vinska Kraljica» (Königin der Reben).

Kačkavalj – ein gelber, schnittfester Käse aus Schafs- oder Kuhmilch, der auf dem Balkan und in der Türkei produziert wird. Die bekannteste Sorte von Kačkavalj in Serbien ist «Pirotski Kačkavalj» (Kačkavalj von Pirot, einer Stadt im südöstlichen Teil des Landes).

Kulen – eine Rohwurst aus Rind- oder Schweinefleisch, die in Serbien (hauptsächlich Vojvodina) und Teilen Kroatiens hergestellt wird. Charakteristisch sind die dunkelrote Farbe und der würzig-scharfe Geschmack mit einer säuerlichen Note.

Lektion 13

Ćao, gde si? (Hallo, wo bist du?)

H1

Hier lernen Sie die üblichen Formulierungen kennen, die man in einer informellen SMS-Kommunikation verwendet:

Grußformeln

Ćao, šta radiš?	Ćao, kako si?	Ćao, gde si?
Hallo, was machst du?	Hallo, wie gehts?	Hallo, wo bist du?

Schlussformeln

Ćao, žurim.	Ćao, vidimo se.	Ćao, čujemo se.
Tschüss. Ich bin in Eile.	Tschüss. Wir sehen uns.	Tschüss. Wir hören voneinander.

Außerdem lernen Sie zu fragen, wo jemand lebt und was er beruflich macht:

Gde živiš / živite?	→	U (Beogradu).	Šta si / ste po zanimanju?	→	(Lekar).
Wo lebst du?		In (Belgrad).	Was bist du / sind Sie von Beruf?		(Arzt).

H2

Am Belgrader Hauptbahnhof steigt Marko in einen Zug ein:

Marko:	Izvinite, je li ovo mesto slobodno?	Entschuldigung, ist dieser Platz frei?
Putnik:	Jeste. Samo izvolite.	Ja. Bitteschön.
Marko:	Hvala.	Danke.

Er setzt sich hin und hört ein Lied[23]. Kurz darauf kommt eine Nachricht:

Ćao, šta radiš?
Hallo, was machst du?

Ništa posebno. Sedim u vozu i pišem poruke. Gde si ti?
Nichts Besonderes. Ich sitze im Zug und schreibe SMS. Wo bist du?

23 «Pekar, lekar, apotekar» («Arzt, Bäcker, Apotheker») – Riblja čorba

Na pauzi, pijem kafu. Kud putuješ?
Ich mache Pause und trinke Kaffee. Wohin fährst du?

U Sokobanju.
Nach Sokobanja.

Šta ćeš tamo?
Was willst du da?

Idem stricu na slavu.
Ich gehe zu meinem Onkel.

Reci, Je li tvoj stric možda lekar?
Sag mal, ist dein Onkel vielleicht Arzt?

Ne, moj stric je pekar. Zašto pitaš?
Nein, mein Onkel ist Bäcker.
Warum fragst du?

Moj tata poznaje jednog lekara u Sokobanji.
Isto se preziva Marić.
Mein Papa kennt einen Arzt in Sokobanja.
Er heißt auch Marić.

Ne, to nije moj stric.
Nein, das ist nicht mein Onkel.

Dobro, moram natrag na posao. Čujemo se posle.
Okay, ich muss zurück zur Arbeit. Wir hören später voneinander.

Važi. Ćao.
Alles klar. Tschüss.

H3

Wörterliste

Serbisch	Deutsch
čuti se	voneinander hören
lekar *m*, lekarka *f*	Arzt, Ärztin
mesto *n*	Platz
možda	vielleicht
natrag	zurück
ovaj, ova, ovo	dieser, diese, dieses
pauza *f*	Pause
pekar *m*, pekarka *f*	Bäcker, in
pisati	schreiben
Pišem poruke.	Ich schreibe Nachrichten.
pitati	fragen
Zašto pitaš?	Warum fragst du?
poruka *f*	Nachricht
posle	später, nachher
poznati	kennen

Serbisch	Deutsch
Poznam tog čoveka.	Ich kenne diesen Menschen.
prezivati se	heißen (Nachname)
Prezivam se Marić.	Ich heiße Marić.
putnik *m*, putnica *f*	Passagier, in
sedeti	sitzen
Sedim u vozu.	Ich sitze im Zug.
slava *f*	Familienfest
slobodan, -dna, -dno	frei
tata *m*	Papa
videti se	sich sehen
Ćao, vidimo se.	Tschüss, wir sehen uns.
voz *m*	Zug
zanimanje *n*	Beruf
žuriti	eilen
Kuda žuriš?	Wohin eilst du?

➲ Grammatik in Überblick

1. Nomen

Dativ und Lokativ (Singular)

Der Dativ ist der dritte und der Lokativ der sechste Kasus im Serbischen. Die beiden Kasus haben die gleichen Formen, werden aber unterschiedlich gebraucht: Während der Dativ sowohl nach Verben als auch nach Präpositionen kommen kann, steht der Lokativ nur nach Präpositionen. Nach dem Dativ fragt man: **kome?** (wem) / **čemu?** (was). Nach dem Lokativ fragt man: **gde?** (wo?), **o / u / na … kome / čemu?** (über wen, worüber).

Kome pišeš? (Wem schreibst du?)	– Pišem Marku. (Ich schreibe Marko.)
O kome pričaš? (Über wen sprichst du?)	– Pričam o Marku. (Ich spreche über Marko.)

M	prijatelj**u**, Beograd**u**	**-u**	dem Freund, Belgrad
F	Srbiji**i**, Nemačk**oj***	**-i,** **-oj***	Serbien, Deutschland
N	sel**u**, mor**u**	**-u**	dem Dorf, dem Meer

*Feminine Formen enden im Dativ/Lokativ Singular auf ein **-i**. Eine Ausnahme bilden Ländernamen auf -čka (Nemačka) -ska (Mađarska), -ška (Češka), die in diesem Fall die Endung **-oj** bekommen.

2. Präpositionen

Präposition mit Lokativ

o (über)	Pričam **o** film**u**.	Ich spreche über den Film.

Präpositionen mit Lokativ und Akkusativ

	gde? (wo) + Lokativ		kuda? (wohin) + Akkusativ	
u (in)	Radim **u** grad**u**.	Ich arbeite in der Stadt.	Putujem **u** grad.	Ich fahre in die Stadt.
na (an, auf)	Živim **na** sel**u**.	Ich lebe auf dem Land.	Idem **na** selo.	Ich gehe aufs Land.

Wie bereits erwähnt, sind **u** und **na** Präpositionen, die den Kasus wechseln können: Manchmal stehen sie mit Lokativ und manchmal mit Akkusativ.

- Sie können den Lokativ verlangen, wenn man die Frage **gde?** (wo?) stellen kann.
- Sie können den Akkusativ verlangen, wenn sie eine Richtung angeben und man die Frage **kud(a)?** (wohin?) stellen kann.

➲ Aufgaben

Arbeit im Unterricht

H4

1. Zanimanja (Berufe). Hören und sprechen Sie nach!

pekar : pekarka (Bäcker, in)	profesor : profesorka (Lehrer, in)
lekar : lekarka (Arzt, Ärztin)	kuvar : kuvarica (Koch, Köchin)
apotekar : apotekarka (Apotheker, in)	konobar : konobarica (Kellner, in)
novinar : novinarka, (Journalist, in)	fotograf : fotografkinja (Fotograf, in)
student : studentkinja (Student, in)	prodavač : prodavačica (Schauspieler, in)

2. Bilden Sie Dialoge!

A: Šta je Mihajlo po zanimanju? B: ..... .
A: A gde živi? B: U ..... .

a) fotograf Mihajlo, Niš	b) kuvar Stefan, Beograd	c) novinarka Hajke, Berlin	d) apotekar Imre, Budimpešta
e) konobar Markus, Austrija	f) pekar Mišel, Francuska	g) lekari Udo i Ute, Švajcarska	h) prodavačice Ana i Đina, Italija

3. Berichten Sie!

Odakle ste?	Koliko imate godina?	Šta ste po zanimanju?
Gde živite?	Gde radite?	Koje jezike govorite?

Arbeit für Selbstlerner

1. s. *Arbeit im Unterricht Nr. 1*

H5

2. **Hören Sie und beantworten Sie die Fragen.**

a) Šta je Mihajlo po zanimanju? ... A gde živi?
b) Šta je Stefan po zanimanju? ... A gde živi?
c) Šta je Hajke po zanimanju? ... A gde živi?
d) Šta je Imre po zanimanju? ... A gde živi?

Stellen Sie nun weitere Fragen und geben Sie Antworten!

3. s. *Arbeit im Unterricht Nr. 3*

Železnička stanica Beograd Centar (Bahnhof Beograd Centar) oder einfach *Prokop* genannt ist der neue Hauptbahnhof in Belgrad. Er befindet sich im Stadtbezirk Savski Venac.

Bild: © Andrija12345678, CC BY-SA 4.0,´ Свјетлопис жељезничке станице Биоград центар, https://tinyurl.com/mrx96jfh

Sokobanja ist ein bekannter Kurort in Zentralserbien. Im gleichnamigen Tal gelegen und von einer Bergkulisse umgeben, gehört der Ort zu den touristischen Hauptdestinationen des Landes.

Bild: © Ванилица, CC BY-SA 4.0, Staro banjsko kupatilo, https://upload.wikimedia.org/wikipedia/commons/0/05/Wiki.Biseri_IV_Staro_banjsko_kupatilo_712.jpg

Slava (Hauspatronfest): Abweichend von den meisten Festen, die von einem ganzen Volk gefeiert werden, hat in Serbien jede Familie ihren eigenen Schutzheiligen, der von Generation zu Generation gefeiert wird. Die am meisten gefeierten Heiligen sind Sveti Nikola (Hl. Nikolaus), Sveti Jovan (Hl. Johannes) und Sveti Đorđe (Hl. Georg). Die Slava wurde 2014 in die UNESCO-Liste des immateriellen Kulturerbes aufgenommen.

U kupatilu (Im Badezimmer)

H1

Im Mittelpunkt dieser Lektion stehen Sätze, mit denen man morgendliche Aktivitäten beschreibt:

Tuširam se.	Kupam se.	Perem zube.	Umivam se.
Ich dusche.	Ich bade.	Ich putze mir die Zähne.	Ich wasche mir das Gesicht.

Brišem se.	Brijem se.	Šminkam se.	Oblačim se.
Ich trockne mich ab.	Ich rasiere mich.	Ich schminke mich.	Ich ziehe mich an.

H2

Es ist Montagmorgen. Alle WG-Bewohner sind wach: Stanko duscht im Badezimmer; Marko und Sanja unterhalten sich im Flur.

Marko (zu Stanko):	Jesi li gotov? Moram u kupatilo.	Bist du fertig? Ich muss ins Bad.
Sanja:	Ne čuje. Moraš da kucaš.	Er hört nicht. Du musst an die Tür klopfen.
Marko:	Ne čuje, jer se tušira i peva[24].	Ja, er hört nicht, weil er duscht und singt.
Sanja (lacht):	Pa on uvek tako.	Na ja, er macht das immer so.
Marko:	Znam, nije to ništa novo. A ti, putuješ nekud?	Ich weiß, das ist nichts Neues. Und du, verreist du irgendwohin?
Sanja:	Idem prijateljima u Smederevo.	Ich fahre zu meinen Freunden nach Smederevo.
Marko:	Kad se vraćaš?	Wann kommst du zurück?
Sanja:	U nedelju uveče.	Am Sonntagabend.

24 «Oda radosti – Anegdote evrointegracija» («Ode der Freude – Anekdoten der europäischen Integrationen») – Rambo Amadeus

Marko klopft nun energisch an die Tür:

Marko:	Alo bre, imaš li ti nameru da izađeš?	Sag mal, hast du vor rauszukommen?
	Moram da se brijem.	Ich muss mich rasieren.
Sanja:	Da. I ja moram da se šminkam.	Ja. Und ich muss mich schminken.
Stanko:	Evo, evo. Gotov sam.	Jaaa, ich bin schon fertig.
Marko:	Konačno.	Endlich.
Stanko (**kommt heraus**):	Aman ljudi, što ste takvi? Pa tuširam se.	Ach, Leute, warum seid ihr so? Ich dusche halt.

H3

Wörterliste

Serbisch	Deutsch
aman[25]	ach
brijati se	sich rasieren
Brijem se.	Ich rasiere mich.
brisati se	sich abtrocknen
Brišem se.	Ich trockne mich ab.
čuti	hören
Normalno da ne čuje.	Natürlich hört er nicht.
gotov, -a, -o	fertig
izaći	herauskommen
jer	denn
konačno	endlich
kucati	klopfen
Moraš da kucaš.	Du musst klopfen.
kupati se	(sich) baden
Kupam se.	Ich bade.
ljudi (*Pl.* von čovek, *m*)	Leute
namera *f*	Absicht

Serbisch	Deutsch
oblačiti se	sich anziehen
Oblačim se.	Ich ziehe mich an.
pevati	singen
On peva.	Er singt.
prati	waschen, hier: putzen
Perem zube.	Ich putze meine Zähne.
šminkati se	sich schminken
Šminkam se.	Ich schminke mich.
takvi (*Pl.* von takav)	so
tuširati se	sich duschen
Tuširam se.	Ich dusche.
umivati se	sich (das Gesicht) waschen
Umivam se.	Ich wasche mir das Gesicht.
uvek	immer
vraćati se	zurückkommen
Kad se vraćaš?	Wann kommst du zurück?
zub *m*	Zahn

25 Ausruf; türk. ← arab. *aman*

1. Verb

Reflexive Verben im Präsens

kupati se (sich baden)

Sg.	1.	ja se kupam / kupam se
	2.	ti se kupaš / kupaš se
	3.	on, ona, ono se kupa / kupa se

Pl.	1.	mi se kupamo / kupamo se
	2.	vi se kupate / kupate se
	3.	oni, one, ona se kupaju / kupaju se

Sie-Anrede	Vi se kupate / kupate se

Reflexive Verben stehen mit dem Reflexivpronomen **se** (sich), das im Unterschied zum Deutschen vor dem finiten Verb steht und in allen Personen und Numeri unverändert bleibt. Wird im Satz das Personalpronomen (ja, ti, on ...) weggelassen, rutscht das Reflexivpronomen hinter das finite Verb.

Modalverb + refl. Verb

1. Ja se moram kupati. / Moram se kupati.
2. Ja moram da se kupam. / Moram da se kupam.

1. In der Kombination mit einem Modalverb und einem Infinitiv steht das Reflexivpronomen vor dem Modalverb. Falls das Personalpronomen weggelassen wird, rutscht das Reflexivprononmen hinter das Modalverb.
2. In der Kombination mit der Konjunktion **da** wird das Reflexipronomen nach dem Modalverb und der Konjunktion platziert.

2. Nomen

Dativ und Lokativ (vollständig)

	Singular				Plural		
M	prijatelj**u**	**-u**	dem Freund	→	prijatelj**ima**	**-ima**	den Freunden
F	prijateljic**i**	**-i**	der Freundin	→	prijateljic**ama**	**-ama**	den Freundinnen
N	kupatil**u**	**-u**	dem Badezimmer	→	kupatil**ima**	**-ima**	den Badezimmern

Maskulina und Neutra weisen im Singular und Plural jeweils die gleichen Endungen auf.

➲ Aufgaben

Arbeit im Unterricht / für Selbstlerner

1. **Suchen Sie im Dialog auf S. 95 f. die reflexiven Verben!**

2. **Ko šta radi? (Wer macht was?) Beschreiben Sie die Bilder!**
   a) *Ona se tušira.* (*Sie duscht.*)

tuširati se • šminkati se • prati zube • brisati se • češljati se (sich kämen) • umivati se • pevati • brijati se

3. **Beschreiben Sie Ihre Morgenroutine!**
   Ja obično (normalerweise) *ustajem u … sati. Nakon toga …*

➲ Landeskunde

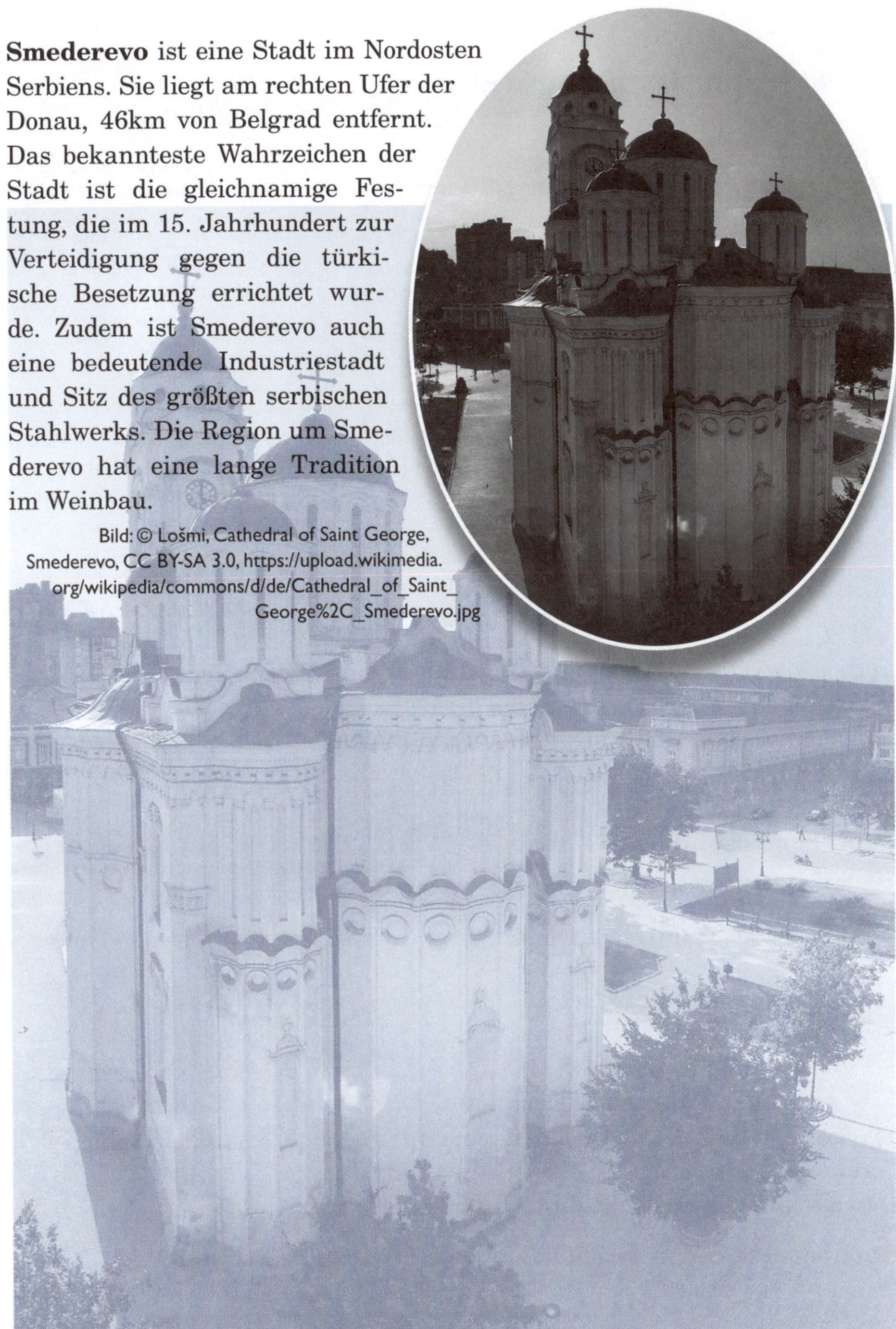

Smederevo ist eine Stadt im Nordosten Serbiens. Sie liegt am rechten Ufer der Donau, 46km von Belgrad entfernt. Das bekannteste Wahrzeichen der Stadt ist die gleichnamige Festung, die im 15. Jahrhundert zur Verteidigung gegen die türkische Besetzung errichtet wurde. Zudem ist Smederevo auch eine bedeutende Industriestadt und Sitz des größten serbischen Stahlwerks. Die Region um Smederevo hat eine lange Tradition im Weinbau.

Bild: © Lošmi, Cathedral of Saint George, Smederevo, CC BY-SA 3.0, https://upload.wikimedia.org/wikipedia/commons/d/de/Cathedral_of_Saint_George%2C_Smederevo.jpg

Lektion 15

U restoranu (Im Restaurant)

H1

Hier lernen Sie sich für eine Verspätung zu entschuldigen und darauf zu antworten:

Izvini / Izvinite što kasnim. Entschuldige / Entschuldigen Sie die Verspätung.	→	Nema problema. Kein Problem.

Zudem lernen Sie wichtige Ausdrücke für einen Restaurantbesuch:

Šta želite da pijete / jedete? Was möchten Sie trinken / essen?	Molim Vas (jedan čaj / jednu salatu). Ich hätte gerne (einen Tee / einen Salat).	Prijatno! Guten Appetit!

H2

Auch wenn es noch Frühling ist, sind die Temperaturen bereits sommerlich. Marko sitzt auf der Terrasse eines in der Beton-Hala-Anlage gelegenen Restaurants und wartet auf die junge Berlinerin Steffi. Das fröhliche Geplauder der Restaurantgäste mischt sich unter die lebhaften Klänge der Live-Musik[26]:

Steffi kommt und setzt sich an den Tisch. Sie wirkt ein bisschen gestresst.

Štefi:	Ćao, izvini što kasnim.	Hallo, entschuldige die Verspätung.
Marko:	Nema problema.	Kein Problem.
Štefi:	Jao, već je pola pet.	Ach, es ist schon halb fünf.
	Nemoj da se ljutiš, molim te!	Bitte sei mir nicht böse.
Marko:	Ma ne, sve je u redu.	Nein, alles ist in Ordnung.

Der Kellner unterbricht das Gespräch:

Konobar:	Dobar dan. Izvolite!	Guten Tag. Bitteschön!

26 «Ponoć» («Mitternacht») – Milan Marić i Tamara Dragičević

Štefi:	Dobar dan. Ja ću Šopsku salatu i kiselu vodu.	Guten Tag. Ich nehme einen Schopska-Salat und ein Mineralwasser.
Marko:	Za mene molim Karađorđevu šniclu i jedno *Jelen* pivo.	Für mich ein Karadjordje-Schnitzel und ein *Jelen*-Bier, bitte.
Konobar:	U redu. Želite li nešto za desert?	In Ordnung. Wünschen Sie etwas zum Nachtisch?
Marko:	Može. Ja ću krempitu. Šta ćeš ti?	Ich nehme eine Crémeschnitte. Was nimmst du?
Štefi:	Ja ću Plazma tortu.	Ich möchte eine Plazma-Torte.

Der Kellner serviert das Essen:

	Izvolite i prijatno!	Bitteschön und guten Appetit!

H3

Wörterliste

Serbisch	Deutsch
čaj[27]	Tee
desert *m*	Nachtisch
jelen *m*	Hirsch
jelo *n*	Essen
jesti	essen
Šta želite da jedete?	Was möchten Sie essen?
kasniti	sich verspäten
Izvini što kasnim.	Entschuldige die Verspätung.
krempita[28]	Crémeschnitte
ljutiti se	sich ärgern
Nemoj da se ljutiš!	Ärgere dich nicht!

Serbisch	Deutsch
mene / me	mich
pivo *n*	Bier
Prijatno!	Guten Appetit!
problem *m*	Problem
Nema problema.	Kein Problem.
restoran *m*	Restaurant
šnicla[29] *f*	Schnitzel
torta *f*	Torte
Vas (*Gen., Akk.*)	Sie
voda *f*	Wasser
kisela voda *f*	Mineralwasser

27 türk. *çay*
28 fr. *crème* und türk. *pide*
29 dt. *Schnitzel*

➲ Grammatik im Überblick

1. Pronomen

Personalpronomen – Akkusativ und Genitiv (Singular)

Die serbischen Personalpronomen haben zwei Formen: eine betonte Langform (**mene**) und eine unbetonte Kurzform (**me**).

Die Langform wird dann benutzt,

- wenn das Personalpronomen besonders betont werden soll:
  Nju voliš, mene ne voliš. (Du liebst sie, mich liebst du nicht.)

- wenn das Personalpronomen nach einer Präposition steht:
  Za mene kafu, molim. (Für mich einen Kaffee, bitte.)

	1. Person	2. Person	3. Person		
Akk.	mene / me mich	tebe / ted ich	njega / ga ihn	nju / ju sie	njega / ga es
Gen.	mene / me meiner	tebe / ted einer	njega / gas einer	nje / je ihrer	njega / ga seiner

Sie-Anrede Akk.	Vas	Sie
Sie-Anrede Gen.	Vas	Sie

Der einzige Unterschied zwischen den Formen im Akkusativ und Genitiv Singular liegt in der 3. Person.

2. Verb

Imperativ der reflexiven Verben

	Sg.	Pl.
Bejahung	Ljuti se!	Ljutite se!
Verneinung (1)	Nemoj se ljutiti!	Nemojte se ljutiti!
Verneinung (2)	Nemoj da se ljutiš!	Nemojte da se ljutite!

Beim bejahten Imperativ kommt zuerst das Verb und dahinter steht das Reflexivpronomen. Bei der Verneinung steht das Reflexivpronomen vor dem Verb.

➲ Aufgaben

Arbeit im Unterricht

H4

1. Lesen Sie vor und hören Sie danach die Aufnahme!

m Sg.	m Pl.	f Sg.	f Pl.	n Sg.	n Pl.	
kakav?	**kakvi?**	**kakva?**	**kakve?**	**kakvo?**	**kakva?**	**was für (ein)**
sladak	slatki	slatka	slatke	slatko	slatka	süß
kiseo	kiseli	kisela	kisele	kiselo	kisela	sauer
slan	slani	slana	slane	slano	slana	salzig
ljut	ljuti	ljuta	ljute	ljuto	ljuta	scharf
hladan	hladni	hladna	hladne	hladno	hladna	kalt
topao	topli	topla	tople	toplo	topla	warm
vruć	vrući	vruća	vruće	vruće	vruća	heiß
ukusan	ukusni	ukusna	ukusne	ukusno	ukusna	lecker

2. Fragen und antworten Sie! Benutzen Sie die Wörter aus 1.

A: Kakav je kolač? B: . . . . . .

kolač ● torta ● šunka ● sir ● kobasica ● jogurt ● keksi ● kafa ● jabuke ● pivo ● riba ● meso ● mandarine ● čaj ● supa ● grožđe ● paprika

3. Konobar (k) ili gost (g)? Lesen Sie die Aussagen und entscheiden Sie: Wer sagt was?

1. Želite li još nešto? *k*
2. Za mene jedno pivo. . . . . .
3. Molim Vas jedan sok od pomorandže. . . . . .
4. Želite li nešto za jelo? . . . . .
5. Dobar dan. Izvolite! . . . . .
6. Prijatno! . . . . .
7. Za Vas? . . . . .
8. Molim Vas, želim da naručim. . . . . .

4. **Hier ist unsere Speisekarte. Wählen Sie etwas aus, schließen Sie Ihre Bücher und spielen Sie Dialoge! Einer spielt den Kellner, der andere spielt den Gast.**

PIĆA

1. KAFA	šolja	220 RSD
2. KAPUĆINO	šolja	260 RSD
3. MINERALNA VODA	0, 25 l	220 RSD
4. SOKOVI	0,33 l	270 RSD
5. VINO (crno i belo)	0, 25 l	590 RSD
6. PIVO JELEN	0, 33 l	300 RSD

JELA

1. SENDVIČ (šunka, sir)	650 RSD
2. KAJMAK	750 RSD
3. ĆEVAPI	1100 RSD
4. KARAĐORĐEVA ŠNICLA	1500 RSD
5. CEZAR SALATA	1060 RSD
6. ŠOPSKA SALATA	1240 RSD

POSLASTICE

1. KREMPITA	380 RSD
2. PLAZMA TORTA	410 RSD
3. SLADOLED	360 RSD

5. **Sprechen Sie miteinander!**

Person A
Sie kommen zu spät zu einer Verabredung und müssen sich bei Ihrem Freund / Ihrer Freundin für die Verspätung entschuldigen.

Person B
Sie sind der Freund / die Freundin der Person **A**. Sie bleiben ruhig und akzeptieren ihre Entschuldigung.

Arbeit für Selbstlerner

1. s. *Arbeit im Unterricht Nr. 1*

H5

2. **Hören Sie die Fragen und antworten Sie sinngemäß.**
   Kakav je kolač?; Kakva je torta?; Kakva je šunka?; Kakav je sir?; Kakva je kobasica?; Kakav je jogurt?; Kakvi su keksi?
   Stellen Sie nun weitere Fragen und geben Sie Antworten!

3. s. *Arbeit im Unterricht Nr. 3*

4. **Schauen Sie sich oben die Speisekarte an. Bestellen Sie etwas zu trinken und etwas zu essen!**

5. **Entschuldigen Sie sich für eine Verspätung.**

➲ Landeskunde

Beton Hala (Betonhalle) – ein Gastronomiekomplex, in dem sich einige der besten Belgrader Restaurants und Nachtclubs befinden. Es liegt in der Karađorđeva Straße, am Ufer des Flusses Save, und bietet neben raffinierten Speisen und großartiger Musik auch einen herrlichen Ausblick.

Bild: © Fred Romero, Beograd - Beton Hala, CC BY-SA 2.0, https://commons.wikimedia.org/wiki/File:Beograd_-_Beton_Hala_(44985491152).jpg

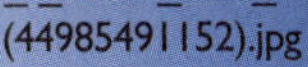

Jelen pivo (Jelen-Bier): das meistverkaufte einheimische Bier in Serbien. Es enthält 4,6% Alkohol und gehört zur Klasse der hellen Lagerbiere. Sein Logo ist ein röhrender Rothirsch (*jelen* heißt Hirsch).

Bild: © https://ancikolaci.rs

Šopska salata (Schopska-Salat) – ein Gemüsesalat aus frischen Tomaten, Gurken, Zwiebeln und Paprika, bestreut mit Petersilie und geriebenem Schafskäse. Er gilt als eine Spezialität der serbischen und bulgarischen Küche.

Karađorđeva šnicla (Karadjordje-Schnitzel): ein gerolltes Kalbs- oder Schweineschnitzel, das mit Kajmak gefüllt und dann paniert und gebraten wird. Benannt wurde es nach dem serbischen Revolutionär Đorđe Petrović Karađorđe.

Bild: © Nenad Stojkovic, Traditional Serbian Karadjordje's Steak, CC BY 2.0, https://upload.wikimedia.org/wikipedia/commons/0/03/Traditional_Serbian_Karadjordje%E2%80%99s_Steak_%2849153311933%29.jpg.

Plazma torta (Plazma-Torte): eine Sahnetorte, deren Hauptzutat die in Serbien und darüber hinaus beliebten *Plazma-Kekse* sind.

Krempita (Crémeschnitte): ein Blätterteigkuchen mit geschlagener Eiercrème, der in den Küchen Südosteuropas in verschiedenen Variationen vorkommt.

Bild: © Petar Milošević, CC BY-SA 4.0, https://commons.wikimedia.org/wiki/File:Bled_Cremeschnitte_(blejska_krem%C5%A1nita).jpg

Landeskunde – Test 3

Welche Antwort ist richtig? Kreuzen Sie an!

1. **Welche Währung hat Serbien?**
   a) konvertible Mark b) Dinar c) Denar

2. **Wie heißt die serbische Provinz im Norden des Landes?**
   a) Kosovo und Metochien b) Vojvodina c) Šumadija

3. **Wo ist der Verwaltungssitz von Vojvodina?**
   a) Smederevo b) Novi Sad c) Niš

4. **Wie heißt der serbische Nationaltanz?**
   a) Tango b) Polka c) Kolo

5. **Wie nennt man das traditionelle serbische Gasthaus, in dem meistens Live-Musik gespielt wird?**
   a) Kavana b) Kafana c) Kafić

6. **Skadarlija ist ...**
   a) ein Kurort in Westserbien b) ein Bohème-Viertel in Belgrad c) ein traditionelles Restaurant

7. **Was ist das wichtigste Wahrzeichen der Stadt Smederevo?**
   a) die gleichnamige Festung b) die Kirche des Heiligen Markus c) das Nikola-Tesla-Museum

8. **Wie heißt das besondere Familienfest, das nur von orthodoxen Serben gefeiert wird?**
   a) Slava b) Božić c) Uskrs

9. **Was ist Kačkavalj?**
   a) eine Sorte Hartkäse b) eine Sorte Weichkäse c) eine Art Sauerrahm

10. **Die Karađorđeva šnicla, eine serbische Spezialität, wurde nach einer Persönlichkeit benannt. Diese Persönlichkeit war Karađorđe Petrović, ...**
    a) ein Revolutionär b) ein Heiliger c) ein berühmter Koch

11. **Das *Jelen Pivo* ist ein traditionelles, helles Bier aus Serbien. Was heißt *jelen* auf Deutsch?**
    a) Löwe b) Mönch c) Hirsch

Punkte: …….. / 11

Zwischenlektion

Ćirilica (kyrillische Schrift): eine Buchstabenschrift, die primär in ost- bzw. südostslawischen Sprachen in Europa und einigen Sprachen in Asien gebraucht wird. Benannt wurde sie nach *Kyrill von Saloniki*, einem byzantinischen Gelehrten, der um 863 die glagolitischen Schriftzeichen und damit die erste Schriftform für die slawischen Sprachen entwickelte. Auf der Grundlage der glagolitischen und v.a. der ihr vorausgehenden griechischen Schrift entstand ungefähr ein Jahrhundert später die kyrillische Schrift.

Srpska ćirilica (serbische kyrillische Schrift): Das serbische kyrillische Alphabet ist eine Variante des kyrillischen Alphabets, die 1818 vom serbischen Linguisten Vuk Stefanović Karadžić erstellt wurde. Karadžić baute sein Alphabet auf der vorherigen slawisch-serbischen Schrift auf und folgte dabei dem Prinzip *Schreibe, wie du sprichst, lies, wie es geschrieben steht.* Im Jahr 1868 wurde dieses Alphabet offiziell übernommen und war bis zur Zwischenkriegszeit das einzige in Gebrauch. Nach der Vereinigung mit anderen Südslawen – die sich z.T. nur der lateinischen Schrift bedienten – wurde in Serbien neben dem kyrillischen allmählich auch das lateinische Alphabet eingeführt.

Wie seine lateinische Entsprechung umfasst das serbische Kyrillisch 30 Buchstaben, darunter 25 für Konsonanten und 5 für Vokale. Vergleicht man es mit dem deutschen Alphabet, so lassen sich die kyrillischen Buchstaben hinsichtlich ihrer graphischen Umsetzung in folgende Gruppen aufteilen:

1. Buchstaben, die gleich oder ähnlich wie die Buchstaben des deutschen Alphabets aussehen:

А, а Е, е Ј, ј К, к М, м О, о Т, т
атом (atom, Atom) Ема (Ema, Ema) јако (jako, sehr), како (kako, wie) око (oko, Auge), тата (tata, Papa)

2. Buchstaben, die gleich oder ähnlich wie Buchstaben des deutschen Alphabets aussehen, aber anders ausgesprochen werden:

В, в Н, н Р, р С, с У, у Х, х
вата (vata, Watte), нос (nos, Nase), рука (ruka, Arm), со (so, Salz), уво (uvo, Ohr), храст (hrast, Eiche)

3. Buchstaben, die im deutschen Alphabet keine optische Entsprechung haben:

Б, б Г, г Д, д Ђ, ђ Ж, ж З, з И, и Л, л Љ, љ Њ, њ П, п Ћ, ћ Ф, ф Ц, ц Ч, ч Џ, џ Ш, ш

баба (baba, Oma), гост (gost, Gast), деда (deda, Opa), ђак (đak, Schüler), журка (žurka, Party), змај (zmaj, Drache), игра (igra, Spiel), лук (luk, Zwiebel), људи (ljudi, Leute), њива (njiva, Acker), пиво (pivo, Bier), ћуп (ćup, Krug), фрула (frula, Flöte), цигла (cigla, Ziegel), чај (čaj, Tee), џезва (džezva, Kaffeekanne), шећер (šećer, Zucker)

In der folgenden Tabelle werden die kyrillischen Buchstaben in alphabetischer Reihenfolge angeführt. Die Buchstaben der Gruppe (1) sind weiß markiert, die Buchstaben der Gruppe (2) sind hellblau gefärbt und die der Gruppe (3) werden blau gekennzeichnet.

 **HI**

Druckschrift	lat. Umsetzung	Lautschrift	Bsp. Kyrillisch	Bsp. Latein	dt. Übersetzung
А, а	A, a	[a]	ауто	auto	Auto
Б, б	B, b	[b]	балкон	balkon	Balkon
В, в	V, v	[ʋ]	вино	vino	Wein
Г, г	G, g	[g]	гост	gost	Gast
Д, д	D, d	[d]	десерт	desert	Nachtisch
Ђ, ђ	Đ, đ	[dʑ]	ђак	đak	Schüler
Е, е	E,e	[ɛ]	економија	ekonomija	Volkswirtschaft
Ж, ж	Ž, ž	[ʒ]	журка	žurka	Party
З, з	Z, z	[z]	занимање	zanimanje	Beruf
И, и	I, i	[i]	игра	igra	Spiel
Ј, ј	J, j	[j]	јогурт	jogurt	Joghurt
К, к	K, k	[k]	кафа	kafa	Kaffee
Л, л	L, l	[l]	лук	luk	Zwiebel
Љ, љ	Lj, lj	[ʎ]	људи	ljudi	Leute, Menschen
М, м	M, m	[m]	музеј	muzej	Museum
Н, н	N, n	[n]	нос	nos	Nase
Њ, њ	Nj, nj	[ɲ]	њушка	njuška	Schnauze
О, о	O, o	[ɔ]	око	oko	Auge

Druck-schrift	lat. Umsetzung	Laut-schrift	Bsp. Kyrillisch	Bsp. Latein	dt. Übersetzung
П, п	P, p	[p]	пиво	**p**ivo	Bier
Р, р	R, r	[r]	ресторан	**r**estoran	Restaurant
С, с	S, s	[s]	стан	**s**tan	Wohnung
Т, т	T, t	[t]	телефон	**t**elefon	Telefon
Ћ, ћ	Ć, ć	[tɕ]	ћевап	**ć**evap	Hackfleischröllchen
У, у	U, u	[u]	уво	**u**vo	Ohr
Ф, ф	F, f	[f]	фотограф	**f**otograf	Fotograf
Х, х	H, h	[ç]	хлеб	**h**leb	Brot
Ц, ц	C, c	[ts]	ципела	**c**ipela	Schuh
Ч, ч	Č, č	[tʃ]	чај	**č**aj	Tee
Џ, џ	Dž, dž	[dʒ]	џезва	**dž**ezva	Kaffeekanne
Ш, ш	Š, š	[ʃ]	шећер	**š**ećer	Zucker

➲ Aufgaben

1. Ein Teilnehmer / Eine Teilnehmerin wählt fünf kyrillische Großbuchstaben aus der Tabelle aus und schreibt sie an die Tafel. Die anderen TeilnehmerInnen lesen die Buchstaben vor.

2. Familienalbum. Lesen Sie die Sätze und ordnen Sie sie den Bildern zu!

1. Ово је моја тетка Ана. г
2. Ово су моји тата и мама. . . . . .
3. Ово је мој пас Лаки. . . . . .
4. Ово су моји деда и баба. . . . . .
5. Ово је моја сестра Ема. . . . . .
6. ..., а ово сам ја. . . . . .

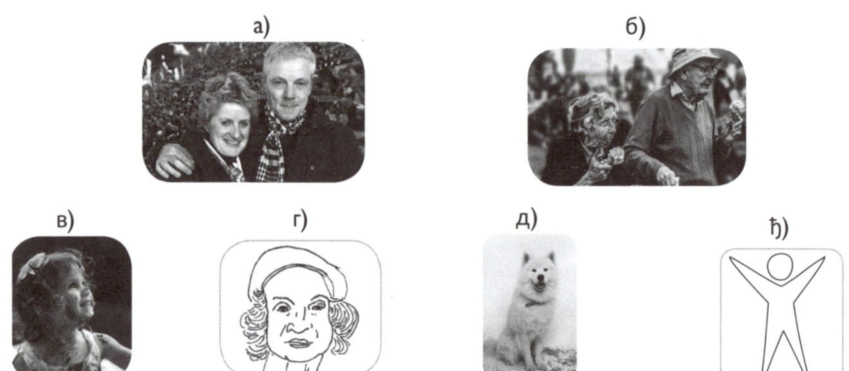

3. Welche Fluglinien sind das? Lesen Sie vor!

1.	А 1335	Анкара – Москва	2.	А 1699	Рим – Атина
3.	А 7715	Осло – Лондон	4.	Б 4621	Париз – Праг
5.	Б 2885	Берлин – Беч	6.	В 7505	Београд – Будимпешта
7.	Г 3607	Штутгарт – Хелсинки	8.	Д 5221	Франкфурт – Копенхаген

4. Ein Teilnehmer / Eine Teilnehmerin schreibt den Namen einer berühmten Persönlichkeit mit kyrillischen Großbuchstaben an die Tafel. Die anderen TeilnehmerInnen lesen den Namen vor!

Lektion 16

После ручка (Nach dem Mittagessen)

**H1**

Hier lernen Sie nach der Rechnung zu fragen und sich zu erkundigen, ob das Essen geschmeckt hat.

Молим Вас, могу ли да платим? / Рачун молим!
Kann ich bitte zahlen? / Die Rechnung, bitte!

→ Само тренутак. / Одмах долазим.
Einen Moment, bitte. / Ich komme gleich.

Је ли јело било укусно?
War alles in Ordnung?

→ Да, било је јако укусно.
Ja, es hat gut geschmeckt.

Онако.
So lala. (wörtl.: Mal so, mal so.)

**H2**

Es ist schon später Nachmittag. Marko und Steffi sitzen immer noch im Restaurant am Save-Ufer und plaudern.
Nachdem sie auch den Nachtisch gegessen haben, fragt Marko:

Марко:	Хоћеш ли још нешто да пијеш?	Möchtest du noch etwas trinken?
Штефи:	Не, хвала.	Nein, danke.
Марко:	Па добро, онда да платимо.	Na, dann sollen wir bezahlen.
Штефи:	Може.	Okay.
Marko zum Kellner:		
Марко:	Молим Вас рачун!	Die Rechnung, bitte.
Конобар:	Одмах.	Sofort.
Der Kellner bringt die Rechnung:		
Конобар:	Је ли било све у реду?	War alles in Ordnung?
Штефи:	Јесте. Све је било јако укусно.	Ja. Alles war sehr köstlich.
Конобар:	Изволите рачун. 3630 динара молим.	Die Rechnung, bitte. Das macht 3.530 Dinar.

Marko gibt dem Kellner 4000 Dinar und sagt:

Марко:	Хвала. Задржите кусур.	Danke. Behalten Sie den Rest.
Конобар:	Хвала лепо. Пријатан дан желим.	Vielen Dank. Einen schönen Tag wünsche ich.
Марко и Штефи:	Такође.	Gleichfalls.

Nach dem Mittagessen will Steffi noch etwas unternehmen. Marko schlägt ihr vor, einen Spaziergang durch den Kalemegdan-Park zu machen und dann das Nikola-Tesla-Museum zu besuchen.

H3

Wörterliste

Serbisch	Deutsch
динар *м*	Dinar
кусур[30] *м*	Rest
одмах	sofort
платити	zahlen
Могу ли да платим?	Kann ich zahlen?

Serbisch	Deutsch
рачун *м*	Rechnung
такође	gleichfalls
укусан, -а, -о	lecker, köstlich
задржати	behalten
Задржите кусур!	Behalten Sie den Rest!

➲ Grammatik im Überblick

I. Verb

Das **Perfekt** ist die einzige Vergangenheitsform, die in der serbischen Alltagssprache gebraucht wird.
Es wird aus dem **Hilfsverb biti** (sein) und dem **Partizip Perfekt** zusammengesetzt.

бити (sein)

		M	F	N
Sg.	**1.**	ја **сам био**	ја **сам била**	--
	2.	ти **си био**	ти **си била**	--
	3.	он **је био**	она **је била**	оно **је било**

30 turk. ← arab. *quşur*

		M	F	N
Pl.	1.	ми **смо били**	ми **смо биле**	--
	2.	ви **сте били**	ви **сте биле**	--
	3.	они **су били**	оне **су биле**	она **су била**

Sie-Anrede	Ви сте **били**	Ви сте **били**	_

- Wird im Satz kein Personalpronomen benutzt, steht die Präsensform von бити nach dem Partizip.
  Ја сам био. aber Био **сам**.
- Entscheidungsfragen bildet man durch die Inversion des konjugierten Verbs und mit der Partikel ли.
  Јеси ли био код Марка?

Partizip Perfekt

	Sg.	
M	био	-о
F	била	-ла
N	било	-ло

Pl.	
били	-ли
биле	-ле
била	-ла

- Das **Partizip Perfekt** wird durch das Anhängen der Endungen an den Infinitivstamm des Verbes gebildet. Im Gegensatz zum Deutschen muss es im Serbischen in **Zahl** und **Geschlecht** an sein Bezugswort angepasst werden.

Im Folgenden eine Liste wichtiger Verben und ihrer Partizipien:

Infinitiv	deutsche Übersetzung	Partizip Perfekt
чути	hören	**чуо**
хтети	wollen	**хтео**
имати	haben	**имао**
кувати	kochen	**кувао**
наручити	bestellen	**наручио**
платити	zahlen	**платио**
пити	trinken	**пио**

Infinitiv	deutsche Übersetzung	Partizip Perfekt
питати	fragen	**питао**
причати	reden	**причао**
видети	sehen	**видео**
желети	wünschen	**желео**

2. Pronomen

Personalpronomen – Akkusativ und Genitiv (vollständig)

	1. P. Sg.	2. P. Sg.	3. P. Sg.		1. P. Pl.	2. P. Pl.	3. P. Pl.
Akk.	мене / ме mich	тебе / те dich	њега / га ihn, es	њу / ју sie	нас uns	вас euch	њих / их sie
Gen.	мене / ме meiner	тебе / те deiner	њега / га seiner	ње / je ihrer	нас unser	вас euer	њих / их ihrer

Sie-Anrede Akk.	Вас	Sie
Sie-Anrede Gen.	Вас	Euer

- Die Formen im Akkusativ und Genitiv sind fast identisch: Der einzige Unterschied besteht in der 3. Person Singular. In der 1. und 2. Person Plural existieren nur Langformen.

➲ Aufgaben

Arbeit im Unterricht

H4

1. Hören und sprechen Sie nach!

Brojevi od 1000 do 10 000 (Zahlen von 1000 bis 10.000)

1000	хиљада
2000	две хиљаде
3000	три хиљаде
4000	четири хиљаде
5000	пет хиљада

6000	шест хиљада
7000	седам хиљада
8000	осам хиљада
9000	девет хиљада
10 000	десет хиљада

1001 …	хиљаду један
1010 …	хиљаду десет
1100 …	хиљаду сто
…	

2. Schreiben Sie Dialoge und spielen Sie sie zusammen!

Person A
Sie befinden sich in einem Restaurant und möchten zahlen. Sie fragen den Kellner nach der Rechnung.

Person B
Sie sind der Kellner und bringen sofort die Rechnung. Sie fragen, ob alles in Ordnung war, und wünschen der Person A einen schönen Tag.

3. Unterstreichen Sie im Dialog alle Formen im Perfekt!

4. Übersetzen Sie die Fragen ins Serbische und interviewen Sie Ihren Lernpartner / Ihre Lernpartnerin!

1. Wann warst du das letzte Mal in einem Restaurant?
2. Was hast du zum Essen bestellt?
3. Was hast du zum Trinken bestellt?
4. War das Essen lecker?

Übersetzen Sie nun die Fragen ins Serbische und starten Sie das Interview!

Arbeit für Selbstlerner

1. s. ***Arbeit im Unterricht Nr. 1***

2. Sie sind in einem Restaurant und möchten zahlen. Schreiben Sie einen Dialog, in dem Sie den Kellner rufen und ihn nach der Rechnung fragen!

3. Unterstreichen Sie im Dialog alle Formen im Perfekt!

H5

4. Hören Sie die Fragen und antworten Sie sinngemäß:

Када си последњи пут био/била у ресторану?

Шта си наручио за јело?

Шта си наручио за пиће?

Је ли јело било укусно?

➲ Landeskunde

Muzej Nikole Tesle (Nikola-Tesla-Museum): ein Wissenschaftsmuseum, das dem Leben und Werk des serbischen Erfinders Nikola Tesla gewidmet ist. Es beherbergt das weltweit größte Tesla-Archiv, welches seit 2003 zum Weltdokumentenerbe der UNESCO gehört. Das Museum befindet sich im Belgrader Stadtteil Vračar und zählt zu den meistbesuchten Museen in Serbien.

Kalemegdan[31]: der größte Park und der wichtigste kulturhistorische Komplex Belgrads. Neben den Resten der *Belgrader Festung* und dem *Pobednik* (Sieger), einer monumentalen Skulptur, befinden sich hier noch zahlreiche Monumente, kleinere Kirchen, Museen, Sportplätze, verschiedene Restaurants und der Belgrader Zoo. Alte Kanonen und Panzer vor dem Militärhistorischen Museum zeugen von der Kriegsvergangenheit der Stadt. Der Park liegt nordwestlich vom Stadtzentrum oberhalb des Zusammenflusses von Save und Donau.

31 türk. *Kale Meydani* – Burgplatz

Lektion 17

Сусрет у тржном центру (Treffen im Einkaufszentrum)

H1

In dieser Lektion lernen Sie Bitten zu formulieren und Bedauern auszudrücken:

Извини / Извините, (могу ли добити чашу воде?) Entschuldigung, (kann ich bitte ein Glas Wasser haben?)	→	На жалост, ... / Жао ми је, ... Leider, ... / Es tut mir leid, ...

H2

Heute ist Samstag – Markos Bummeltag. Er ist im Einkaufszentrum Galerija Beograd und schlendert durch die Geschäfte. Die Musik[32] aus den Lautsprechern sorgt für gute Laune bei den Einkaufenden.

In einem Modegeschäft spricht ihn ein Junge an:

Дуле[33]:	Извини, јеси ли ти Марко?	Entschuldigung, bist du Marko?
Марко:	Јесам. А ко си ти?	Ja, das bin ich. Und wer bist du?
Дуле:	Ја сам Дуле. Тамарин друг?	Ich bin Dule. Ein Freund von Tamara.
Марко:	Тачно. Дуле саксофониста. Сад се сећам.	Richtig. Dule, der Saxophonspieler. Jetzt erinnere ich mich.
Дуле:	Па шта радиш? Како си?	Na, was machst du? Wie geht es dir?
Марко:	Добро. Како си ти?	Gut. Wie geht es dir?
Дуле:	И ја сам добро. Вечерас свирам у Синерману. Наврати, ако хоћеш.	Auch gut. Heute Abend spiele ich im Club Sinnerman. Komm vorbei, wenn du willst.
Марко:	На жалост, не могу. Радим ноћну (смену).	Leider kann ich nicht. Ich habe Nachtschicht.
Дуле:	Па добро, онда други пут.	Okay, dann ein anderes Mal.
Марко:	Важи. Видимо се.	In Ordnung. Wir sehen uns.

32 «Добро јутро џезери» («Guten Morgen, Jazzmusiker») – Бајага
33 Kosename von Душан

Продавач:	Добар дан. Могу ли да Вам помогнем?	Guten Tag. Kann ich Ihnen helfen?
Марко:	Не, хвала. Само гледам.	Nein, danke. Ich schaue nur.

H3
Wörterliste

Serbisch	Deutsch
Вама / Вам	Ihnen
други, -а, -о	anderer, e, es
жалост *ф*	Leid, Trauer
На жалост.	Leider.
жао	leid
Жао ми је.	Es tut mir leid.
навратити	vorbeikommen
Наврати!	Komm vorbei!
ноћни, -а, -о	Nacht-
ноћна (смена) *ф*	Nachtschicht
помоћи	helfen

Serbisch	Deutsch
Могу ли да Вам помогнем?	Kann ich Ihnen helfen?
пут *м*	Mal
саксофониста *м*	Saxophonspieler, in
сећати се	sich erinnern an
Сад се сећам.	Jetzt erinnere ich mich.
свирати	spielen
Свирам саксофон.	Ich spiele Saxophon.
сусрет *м*	Treffen
тржни, -а, -о	Einkaufs-
центар *м*	Zentrum
тржни центар *м*	Einkaufszentrum

➲ Grammatik im Überblick

1. Verb

Partizip Perfekt (unregelmäßige Formen)

Verben auf **-ћи** und **-сти** weisen im Partizip Perfekt unregelmäßige Formen auf. Diese Formen sollte man auswendiglernen.

Infinitiv	deutsche Übersetzung	Partizip Perfekt
ићи	gehen	ишао
доћи	kommen	дошао
отићи	weggehen	отишао
обући	anziehen	обукао
наћи	finden	нашао
моћи	können	могао
помоћи	helfen	помогао
јести	essen	јео
срести	treffen	срео

2. Pronomen

Personalpronomen – Dativ und Lokativ (vollständig)

	1. P. Sg.	2. P. Sg.	3. P. Sg.		1. P. Pl.	2. P. Pl.	3. P. Pl.
Dat. und Lok.	мени/ми mir	теби/ти dir	њему/му ihm	њој/јој ihr	нама/нам uns	вама/вам euch	њима/им ihnen

Sie-Anrede	Вама/Вам Ihnen

Die Formen im Dativ und Lokativ sind identisch.
Im Dativ existieren Lang- und Kurzformen, während im Lokativ, der ausschließlich in Verbindung mit einer Präposition gebraucht wird, nur Langformen möglich sind.
Ја говорим **о теби**. nicht: Ја говорим **о ~~ти~~**.

➲ Aufgaben

Arbeit im Unterricht

I. Spielen Sie kurze Dialoge!

А: Имате много посла и требате помоћ. Leiten Sie die Frage mit *Извини / Извините* ein!
Извини, можеш ли да ми помогнеш?

Б: Geben Sie eine negative Antwort mit der Einleitung *Жао ми је / На жалост.*
Жао ми је, немам времена. / На жалост, не могу.

Weitere Gesprächsanlässe

1. Желите да купите хлеб, а не знате где је пекара.
2. Желите да пушите, а немате цигарету.
3. Желите да знате колико је сати.
4. Први пут сте у Београду и не знате где се налази Кнез Михаилова.

Arbeit für Selbstlerner

I. Hören Sie die Fragen und antworten Sie sinngemäß:

Извините, где је пекара?

Извини, имаш ли цигарету?

Stellen Sie nun weitere Fragen und geben Sie Antworten!

➲ Landeskunde

Галерија Београд – ein luxuriöses Einkaufszentrum, gelegen im *Belgrade Waterfront*, dem neu entstandenen Viertel am Save-Ufer. Mit einer Gesamtfläche von 300.000m^2 ist es das größte Einkaufszentrum in der Region und verfügt über eine Vielzahl von Unterhaltungs- und Gastronomieeinrichtungen.

Bild: © Milinko Radosavljević.

Синерман – Jazz-Club am Nikola-Pašić-Platz, ein paar Gehminuten vom Belgrader Stadtzentrum entfernt. Der Club befindet sich auf dem Dach eines siebenstöckigen Hochhauses und bietet einen herrlichen Ausblick auf die Stadt.

Bild: © Andy Newcombe, Louis Moholo Quintet, CC BY 2.0, https://commons.wikimedia.org/wiki/File:Louis_Moholo_Quintet.jpg

Lektion 18

Празници и поклони (Feiertage und Geschenke)

 H1

In dieser Lektion lernen Sie Glückwünsche auszusprechen und sich dafür zu bedanken:

Срећан рођендан! Alles Gute zum Geburtstag!	→	Хвала! Danke!

Срећна Нова Година! Frohes Neues Jahr!	Срећан Божић! Frohe Weihnachten!	Срећан Ускрс! Frohe Ostern!	→	Хвала, такође! Danke, gleichfalls!

 H2

Es ist Freitagvormittag. In einer Buchhandlung in Andrićev Venac suchen Milena und Marko nach einem Geschenk für Steffis Geburtstag. Nach kurzem Zögern entscheiden sie sich für eine Monographie über serbisch-orthodoxe Klöster und begeben sich zur nahegelegenen Konditorei.

Wenige Minuten später:

Продавачица:	Добар дан, изволите!	Guten Tag, bitte sehr?
Марко:	Добар дан. Желимо да наручимо рођенданску торту.	Guten Tag. Wir möchten eine Geburtstagstorte bestellen.
Продавачица:	Кад треба да буде готова.	Wann soll sie fertig sein?
Марко:	До сутра поподне.	Bis morgen Nachmittag.
Продавачица:	У реду, а какву торту желите?	In Ordnung, was für eine Torte möchten Sie?
Марко:	Па не знам, можда неку воћну.	Ich weiß es nicht, vielleicht eine Obsttorte.
Продавачица:	Ја Вам препоручуем торту с малинама и кремом од ванилије. Јако је укусна.	Ich empfehle Ihnen eine Himbeertorte mit Vanillecreme. Sie ist sehr lecker.
Марко:	Добро, може.	Gut, die nehme ich.
Продавачица:	Шта да напишемо на торти?	Was sollen wir auf die Torte schreiben?

Марко:	Напишите «Срећан рођендан, драга Штефи».	Schreiben Sie «Alles Gute zum Geburtstag, liebe Steffi».
Продавачица:	У реду.	In Ordnung.

H3

Wörterliste

Serbisch	Deutsch
Божић *м*	Weihnachten
драги, -а, -о	lieber, liebe, liebes
крем *м*	Creme
крем од ваниле м	Vanillecreme
малина *ф*	Himbeer
рођендански, -а, -о	Geburtstags-
с(а)	mit
требати	sollen, brauchen

Serbisch	Deutsch
Ускрс *м*	Ostern
написати	(auf)schreiben
Шта да напишемо?	Was sollen wir schreiben?
Нова Година *ф*	Neues Jahr
поклон *м*	Geschenk
празник *м*	Feiertag
рођендан *м*	Geburtstag
воћни, -а, -о	Obst-

➲ Grammatik im Überblick

I. Nomen

Instrumental (vollständig)

Der Instrumental ist der siebte und damit letzte Fall in der serbischen Grammatik. Wie auch der Genitiv, der Dativ und der Akkusativ kann er mit Präpositionen, aber auch ohne sie auftreten.

- Die häufigste Präposition mit Instrumental ist **с** bzw. dessen Variante **са**, die benutzt wird, wenn das darauffolgende Bezugswort mit den Konsonanten **с**, **ш**, **з**, **ж** anfängt, oder wenn sie vor dem Personalpronomen **мном** (mir) steht.[34]
  Живим с мајком. Aber: Живим **са** женом.
  Пијем чај **с** лимуном. Aber: Пијем чај **са** шећером.
  Die entsprechende Frage lautet **с ким?** (mit wem?) / **с чим?** (womit?).

- Ohne Präposition dient der Instrumental zur Bezeichnung eines Mittels für eine Handlung.
  Једем виљушком. Возим се бициклом.

34 Die Personalpronomen mit Instrumental lernen Sie in der Lektion 19.

Die entsprechende Frage lautet **киме?** (mit wem?) / **чиме?** (womit?) oder **како?** (wie?).

	Singular				Plural		
M	лимун**ом** нож**ем**	**-ом** **-ем**	mit Zitrone mit dem Messer	→	лимун**има** ножев**има**	**-има**	mit Zitronen mit den Messern
F	јабук**ом**	**-ом**	mit Apfel		јабук**ама**	**-ама**	mit Äpfel
N	јел**ом** пић**ем**	**-ом** **-ем**	mit der Speise mit dem Getränk	→	вин**има** пић**има**	**-има**	mit den Speisen mit den Getränken

Die meisten Nomen im Singular bekommen die Endung **-ом**. Die Ausnahmen bilden diejenigen Maskulina und Neutra, die auf einen weichen Konsonanten (ц, ч, ћ, џ, ђ, ј, љ, њ ш oder ж) enden: Sie bekommen die Endung **-ем**. Die Pluralendungen entsprechen den Endungen des Dativs und Lokativs Plural.

2. Verb

Reflexive Verben im Perfekt

Das Perfekt der Reflexivverben besteht aus dem **Präsens des Verbs бити** (sein), dem **Reflexivpronomen се** (sich) und dem **Partizip Perfekt**.

probuditi se (aufwachen)

		M	F	N
Sg.	**1.**	ја **сам се пробудио**	ја **сам се пробудила**	--
	2.	ти **си се пробудио**	ти си **се пробудила**	--
	3.	он _ **се пробудио**	она _ **се пробудила**	оно _ **се пробудило**
Pl.	**1.**	ми **смо се пробудили**	ми **смо се пробудиле**	--
	2.	ви **сте се пробудили**	ви **сте се пробудиле**	--
	3.	они **су се пробудили**	оне **су се пробудиле**	она **су се пробудила**

Sie-Anrede	Ви **сте се пробудили**	Ви **сте се пробудили**	_

Wird im Satz das Personalpronomen gebraucht, steht das Reflexivpronomen zwischen dem Hilfsverb und dem Partizip Perfekt: Ја сам се пробудио.
Wird im Satz kein Personalpronomen gebraucht, steht das Reflexivpronomen hinter dem Partizip Perfekt und hinter dem Hilfsverb: Пробудио сам се.
In der 3. P. Sg. wird gewöhnlich die Kurzform **je** (ist) weggelassen: Он се пробудио.

➲ Aufgaben

Arbeit im Unterricht

1. Ко шта слави? (Wer feiert was?) Beschreiben Sie die Bilder!

а) Он слави рођендан. ...

а)

б)

в)

г)

2. Schließen Sie nun Ihre Bücher und gratulieren Sie Ihrem Nachbarn / Ihrer Nachbarin zum Geburtstag, zu Ostern, zu Weihnachten oder zum Neuen Jahr!

3. Fragen Sie einander und antworten Sie!

А: Желите ли кафу с млеком или кафу са .....? Б: С млеком.	1. кафа – млеко – шлаг[35] 2. чај[36] – рум – лимун (Zitrone) 3. крофна – мармелада – чоколада 4. торта – малине – јагоде

4. Шта је радио он? Шта је радила она? (Was hat er gemacht? Was hat sie gemacht?)

Beschreiben Sie die Bilder!

а) Он се пробудио у 7 сати. Она се пробудила у .... .

бријати се ● туширати се ● љутуити се ● смејати се ● пробудити се ● чешљати се ● купати се

а)

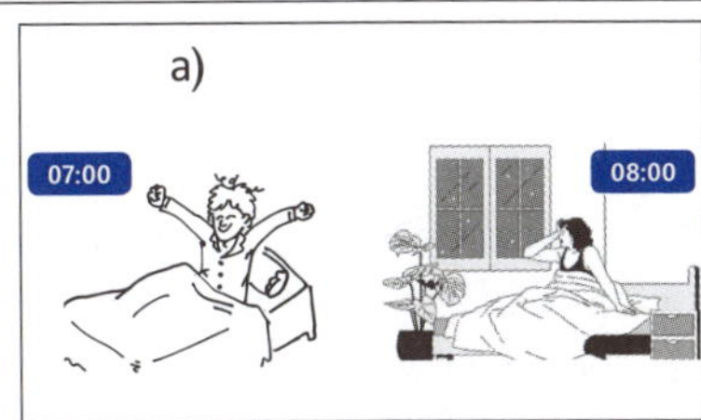

б)

35 österr. *Schlagobers*

36 *Tee*

в)

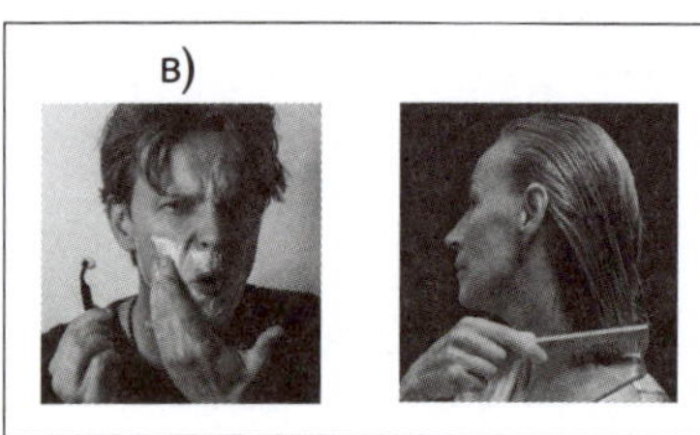

г)

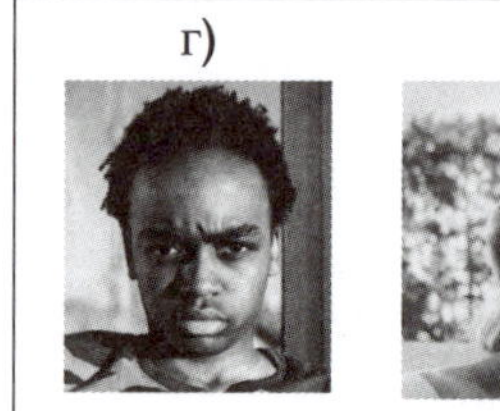

➲ Arbeit für Selbstlerner

1. s. *Arbeit im Unterricht Nr. 1*

2. **Gratulieren Sie zum Geburtstag, zu Ostern, zu Weihnachten oder zum Neuen Jahr!**

H4

3. **Hören Sie die Fragen und antworten Sie:**

1. Желите ли кафу с млеком или кафу са шлагом?
2. Желите ли чај с румом или чај с лимуном?

Stellen Sie nun weitere Fragen und geben Sie Antworten!

4. s. *Arbeit im Unterricht Nr. 4*

➲ Landeskunde

Die orthodoxen Serben feiern ihre Feiertage nach dem julianischen Kalender:
Божић (Weihnachten) – findet am 7. Januar statt.
Ускрс (Ostern) – findet meist einige Tage nach dem Osterfest der westlichen Kirchen statt.

Андрићев Венац ist sowohl eine Straße als auch ein Stadtteil von Belgrad. Beides liegt etwa 400m von Terazije entfernt und wurde nach Ivo Andrić, dem serbischen Schriftsteller und Nobelpreisträger, benannt. An der Straßenpromenade von Andrićev Venac befinden sich ein Denkmal und ein Museum, die zu Ehren des Schriftstellers errichtet wurden.

Die Paläste **Нови Двор** (der Neue Palast) und **Стари Двор** (der Alte Palast) liegen ebenfalls in Andrićev Venac. Der Novi Dvor, die ehemalige Residenz der Karađorđević-Dynastie, ist heute der Sitz des sebischen Präsidenten. Im Stari Dvor, in dem nun die Stadtversammlung von Belgrad tagt, herrschte früher das Haus Obrenović.

Bild: ©Srđan Popović, Novi Dvor, CC BY-SA 3.0, https://upload.wikimedia.org/wikipedia/commons/b/bf/Novi_Dvor_%281%29.JPG

Bild: © Andrija12345678, Свјетлопис зграде Скупштине града у Биограду, Стари двор, CC BY-SA 4.0, https://tinyurl.com/ybx8hcth

Манастири (Klöster): Prachtstücke der serbisch-byzantinischen Kirchenarchitektur, die sich im mittelalterlichen Serbien im 12.–16. Jahrhundert entfaltete. Auf dem Gebiet Serbiens gibt es heute mehr als zweihundert Klöster, von welchen 54 zu Kulturdenkmälern erklärt wurden, wobei die Klöster Studenica, Sopoćani und Đurđevi stupovi sowie die in Kosovo und Metochien befindlichen Klöster Dečani, Gračanica, Pećka patrijaršija (Patriarchenkloster Peć) und Bogorodica Ljeviška (Frauenkirche von Ljeviš) zum UNESCO-Weltkulturerbe zählen.

Bild: © Sasa Micic, Gracanica 1, CC BY-SA 3.0, https://commons.wikimedia.org/wiki/File:Gracanica_1.jpg

Lektion 19

Излет у Гучу (Ausflug nach Guča)

H1

In dieser Lektion lernen Sie jemandem einen Vorschlag zu machen und auf diesen zu reagieren:

Идем у (Беч). Хоћеш (ли)/ Хоћете (ли) са мном? Ich fahre nach (Wien). Willst du / Wollen Sie mitkommen?	→	Хоћу. Sehr gerne.	На жалост, не могу. Ich kann leider nicht.

Zudem lernen Sie eine Terminvereinbarung zu formulieren:

Да ли ти / Вам одговара у (9 увече)? Passt es dir / Ihnen gut?	→	То ми одговара. Das passt mir (gut).	На жалост, то ми не одговара. Das passt mir leider nicht.

H2

Montagnachmittag. Schönes Wetter lockt nach draußen. Marko will ein paar Stunden Tennis spielen und danach ins Kino gehen. Im *Tennis Center Novak* trifft er Milica, die vor einigen Wochen ihre Hochzeit gefeiert hat. Sichtlich erfreut über die zufällige Begegnung, fängt Milica das Gespräch an:

Милица:	Хеј ћао! Нисам те дуго видела, па како си?	Oh, hallo! Ich habe dich lange nicht gesehen, wie geht es dir denn?
Марко:	Добро, а ти? Како је било на меденом месецу?	Gut, und selbst? Wie waren deine Flitterwochen?
Милица:	Прелепо. Послаћу ти слике.	Wunderschön. Ich werde dir Bilder schicken.
Марко:	Може, пошаљи!	Ja, schick sie!
Милица:	Него, ми у суботу идемо у Гучу. Хоћеш с нама?	Übrigens, wir fahren am Samstag nach Guča. Möchtest du mitkommen?

Марко:	Па зависи. Колико дуго ћете остати тамо?	Es kommt darauf an. We lange bleibt ihr dort?
Милица:	Само преко викенда.	Nur übers Wochenende.
Марко:	То ми одговара, а како идете? Колима или возом?	Das passt mir, und wie fahrt ihr? Mit dem Auto oder mit dem Zug?
Милица:	Колима.	Mit dem Auto.
Марко:	Добро. Морам сад да идем. Назваћу те касније.	Okay. Ich muss jetzt gehen. Ich werde dich später anrufen.
Милица:	Важи! Чујемо се.	In Ordnung. Wir hören voneinander.

Marko hat seinerseits Steffi zum Ausflug eingeladen. In Guča angekommen, hören sie schon von weitem die laute Blasmusik. Grillgeruch liegt in der Luft. Man sieht ausgelassene Menschen, die in Trachten tanzen.

Kurz darauf in einem Zelt:

Марко:	И ... како ти се свиђа овде?	Und, wie gefällt es dir hier?
Штефи:	Јако је лепо.	Es ist sehr schön.
Милица (zu Nemanja):	Хајде, сликај нас!	Komm, mach ein Foto von uns!
Немања:	Чекај да наздравимо.	Warte, stoßen wir an.
Alle:	Живели!	Prost!

Das Zelt ist gut gefüllt, die Stimmung gelöst. Das Bier wird in Plastikbechern serviert, das Klirren der Flaschen mischt sich mit dem Klang der Trompeten und Posaunen. Im Zelt gibt es mehrere Bands, die von Tisch zu Tisch ziehen. Marko winkt eine Band[37] heran. Die Musiker kommen und spielen, wofür Nemanja ein paar Dinar-Scheine in die Trompeten steckt.

37 «Вртлог» («Wirbel») – Биг Бенд Дејана Петровића

Wörterliste

Serbisch	Deutsch
викенд *м*	Wochenende
зависити	abhängen
Зависи ...,	Es hängt davon ab, ...
излет *м*	Ausflug
кола *н пл*	Auto
колико дуго	wie lange
медени, -а, -о	aus Honig
месец *m*	Monat
медени месец *м*	Flitterwochen
мном *инст.*	mir
назвати	anrufen
Назваћу те.	Ich werde dich anrufen.
наздравити	zuprosten
Да наздравимо!	Stoßen wir an!

Serbisch	Deutsch
одговарати	passen
То ми одговара.	Das passt mir (gut).
остати	bleiben
Остани овде!	Bleib hier!
преко	über, durch
Преко викенда.	Übers Wochenende.
прелепо	wunderschön
послати	(ab)schicken
Послаћу ти слике.	Ich werde dir die Fotos schicken.
свиђати се	gefallen
Како ти се свиђа?	Wie gefällt es dir?
слика *ф*	Bild, *ugs.* Foto
сликати	malen, *ugs.* fotografieren
Сликај нас!	Mach ein Foto!

➲ Grammatik im Überblick

I. Verb

Futur I – Verb бити (sein)
Das Futur I drückt eine zukünftige Handlung aus. Für seine Bildung wird Folgendes verwendet:

Präsens (Kurzformen) von hteti (wollen) und Infinitiv von бити

бити (sein)

Sg.	1.	ја **ћу бити**
	2.	ти **ћеш бити**
	3.	он, она, оно **ће бити**

Pl.	1.	ми **ћемо бити**
	2.	ви **ћете бити**
	3.	они, оне, она **ће бити**

Sie-Anrede	Ви ћете бити

Wird im Satz kein **Personalpronomen** benutzt, steht die Präsensform von **hteti** nach dem Infinitiv:

- Endet der Infinitiv auf -ти, verschmilzt er mit der Futurendung: Ја ћу бити. Aber: Бићу.
- Endet der Infinitiv auf -ћи, verschmilzt er nicht, sondern wird getrennt von der Präsensform geschrieben: Ја ћу доћи. Aber: Доћи ћу.

Entscheidungsfragen bildet man durch Umstellung von Subjekt und Prädikat + Partikel ли: Хоћеш ли (ти) бити овде?
In solchen Fällen verwendet man die Langformen des Verbs хтети, da die Kurzformen nie am Anfang des Satzes stehen können.

2. Pronomen

Personalpronomen – Instrumental (vollständig)

	1. Person	2. Person	3. Person		1. Person	2. Person	3. Person
Inst.	мном mir	тобом dir	њим ihm	њом ihr	нама uns	вама euch	њима ihnen

Sie-Anrede	Вама	Ihnen

Im Instrumental existieren nur Langformen.

Die Pluralformen sind die gleichen wie im Dativ und Lokativ.

➲ Aufgaben

Arbeit im Unterricht

1. Шта свирају ови људи? (Was spielen diese Leute?) Beschreiben Sie die Bilder und berichten Sie.

a) *Он свира фрулу.* . . . . .

труба ● саксофон ● хармоника ● гитара ● клавир ● фрула ● виолина

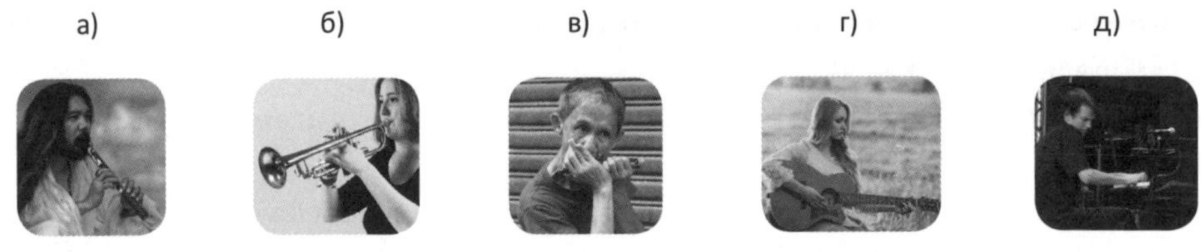

Свирате ли Ви неки инструмент? Који?
Који инструмент највише (am meisten) волите?

2. Schreiben Sie Dialoge und spielen Sie sie vor!

Person A
Sie schlagen Person **B** vor, mit Ihnen alleine oder mit Ihnen und Ihrem/r LernpartnerIn eine/n der untenstehenden Veranstaltungen/Orte zu besuchen.

Person B
Sie akzeptieren den Vorschlag oder lehnen ihn aus einem bestimmten Grund ab.

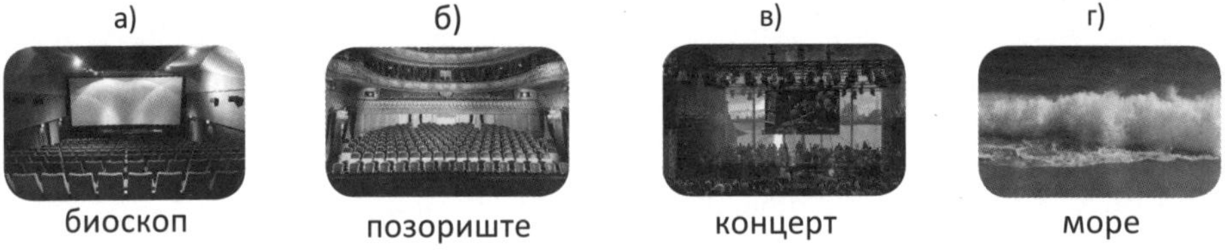

3. Кад Вам одговара? (Wann passt es Ihnen?) Fragen Sie einander und antworten Sie!

Можеш ли / Можете ли у понедељак у 15 сати?
– У реду. То ми одговара.
– То ми, на жалост не одговара.

ПОН, 15:00	СРЕ, 10:00	данас, 17:00	сутра, 12:15	УТО, 9:30	прекосутра 8:00 увече

4. Како и с ким? (Wie und mit wem?) Berichten Sie?

Како идете на посао?

Како обично идете на одмор?

С ким обично идете на одмор?

ауто / кола ● аутобус ● трамвај ● метро ● воз ● авион ● мотор ● бицикл ● пешке (zu Fuß)	муж ● жена ● син ● ћерка ● пријатељи ● пријатељице ● сам(а) (alleine)

Arbeit für Selbstlerner

1. s. *Arbeit im Unterricht Nr. 1*

H4

2. Hören Sie die Fragen und antworten Sie!

Вечерас идем у биоскоп. Хоћеш ли са мном?

Холгер и ја сутра идемо у позориште. Хоћеш ли с нама?

Stellen Sie weitere Fragen und geben Sie Antworten!

H5

3. Кад Вам одговара? Hören Sie die Fragen und antworten Sie!

Можеш ли у понедељак у 15 сати?

Можеш ли у среду у 10 сати?

Можеш ли данас у 17 сати?

Stellen Sie weitere Fragen und geben Sie Antworten!

4. s. *Arbeit im Unterricht Nr. 4*

➲ Landeskunde

Тениски центар Новак (Tenniszentrum Novak) – ein von Novak Đoković, dem weltberühmten serbischen Tennisstar, gegründetes Tennis-Zentrum. Es besteht aus 14 Tennisplätzen, einer Außenbar und einem Raum, in dem die meisten Trophäen ausgestellt sind, die Novak in seiner Karriere gewonnen hat. Das Zentrum befindet sich im Herzen von Belgrad, nahe des Kalemegdan-Parks.

Bild: ©si.robi, Djokovic PM19 (90) (edited) (49307905406), CC BY-SA 2.0, https://upload.wikimedia.org/wikipedia/commons/2/2e/Djokovic_PM19_%2890%29_%28edited%29_%2849307905406%29.jpg

Гуча ist eine Kleinstadt in Westserbien, hauptsächlich bekannt für ihr Trompetenfestival. Zu diesem treffen sich alljährlich im Monat August die besten Blasorchester des Landes sowie zahlreiche Besucher aus dem In- und Ausland. Eine Besonderheit dieses Festivals sind die spontanen Auftritte der Musiker auf den Straßen und in den Gaststätten von Guča.

Bild: © Gumenjak, Trumpet Festival in Guca Serbia Defile, CC BY-SA 4.0, https://commons.wikimedia.org/wiki/File:Trumpet_Festival_in_Guca_Serbia_Defile.jpg

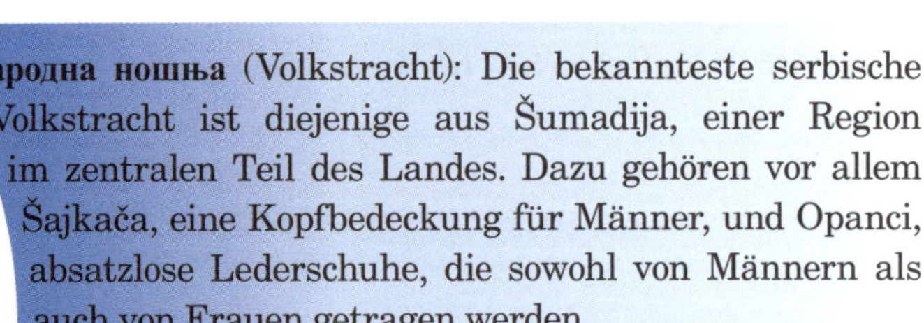

Народна ношња (Volkstracht): Die bekannteste serbische Volkstracht ist diejenige aus Šumadija, einer Region im zentralen Teil des Landes. Dazu gehören vor allem Šajkača, eine Kopfbedeckung für Männer, und Opanci, absatzlose Lederschuhe, die sowohl von Männern als auch von Frauen getragen werden.

Bild: © Boris Dimitrov, Шајкача, CC BY 3.0, https://upload.wikimedia.org/wikipedia/commons/0/0f/%D0%A8%D0%B0%D1%98%D0%BA%D0%B0%D1%87%D0%B0.jpg

Bild: ©PetarM, Opanci, CC BY-SA 3.0, https://upload.wikimedia.org/wikipedia/commons/7/7a/Opanci.jpg

Lektion 20

На аеродрому (Im Flughafen)

 H1

In dieser Lektion finden Sie Fragen, die Sie bei einer Flugreise gebrauchen können:

Када лети авион за (Берлин)?
Wann fliegt das Flugzeug nach (Berlin?)

Колико дуго траје лет?
Wie lange dauert der Flug?

Како да резервишем / откажем лет?
Wie kann ich den Flug buchen/stornieren?

Када / Где могу да обавим чек ин?
Wann/Wo kann ich einchecken?

 H2

Es ist Samstagvormittag. Steffi ist mit ihren Freunden am Nikola-Tesla-Flughafen angekommen. Sie begibt sich zum Check-in-Schalter, um ihr Gepäck abzugeben. Die Schlange ist ziemlich lang.

Штефи:	Добар дан.	Guten Tag.
Агент:	Добар дан. Путујете ли за Берлин?	Guten Tag. Reisen Sie nach Berlin?
Штефи:	Да.	Ja.
Агент:	Добро. Ваш пасош молим.	Gut. Ihren Reisepass, bitte.
Штефи:	Изволите.	Bitteschön.
Агент:	Ставите торбу на траку, молим Вас.	Stellen Sie Ihre Tasche aufs Band, bitte.
Штефи:	Ево одмах.	Ja, sofort.
Агент:	Ово је Ваша карта. Укрцавање је у 9.00 с излаза Ц 7. Срећан пут и пријатан лет Ер Србијом.	Das ist Ihre Boardingkarte. Boarding ist um 9.00 Uhr beim Ausgang C7. Gute Reise und einen angenehmen Flug mit Air Serbia.

Sie trinkt noch schnell einen Kaffee mit Milica und Nemanja. Bald schließt sich ihnen auch Marko an.

Милица:	Човече, па где си до сад?	Mensch, wo warst du denn so lange?
Марко:	Извини, Штефи молим те. Нисам могао раније.	Entschuldige, Steffi, ich konnte nicht früher.
Штефи:	Нема везе. Важно је да си дошао.	Das macht nichts. Wichtig ist, dass du gekommen bist.

Nun heißt es Abschied nehmen. Steffi schaut auf die Uhr und sagt:

Штефи:	Ја сад полако морам да идем.	Ich muss jetzt langsam los.
Немања:	Да, време је.	Ja, es ist Zeit.
Штефи:	Хвала на свему и дођите у Берлин.	Danke für alles, und kommt nach Berlin.
Немања:	Не брини! Доћи ћемо.	Mach dir keine Sorgen! Wir werden kommen.
Милица:	Ћао лутко, видимо се.	Tschüss, wir sehen uns.
Марко:	Срећан пут и јави се.	Gute Reise und melde dich.
Штефи:	Хоћу чим стигнем.	Ja, sobald ich ankomme.

Auf dem Weg nach Hause kommt Marko an einem Supermarkt vorbei. Dort trifft er seine Ex-Freundin und lädt sie zu einem Getränk ein. Im Hintergrund läuft ein altes Lied[38].

H3

Wörterliste

Serbisch	Deutsch
авион *м*	Flugzeug
аеродром *м*	Flughafen
бринути	sich Sorgen machen
Не брини!	Mach dir keine Sorgen!

Serbisch	Deutsch
излаз *м*	Ausgang
јавити се	sich melden
Јави се!	Melde dich!
карта *ф*	Ticket
лет *м*	Flug

38 «Почнимо љубав из почетка» («Lass uns die Liebe von vorne anfangen») – Бети Ђорђевић

Serbisch	Deutsch
летети	fliegen
Када летиш за Беч?	Wann fliegst du nach Wien?
лутка *ф*	Puppe
обавити (чек ин)	erledigen, einchecken
Где да обавит чек ин?	Wo kann ich einchecken?
отказати	absagen, stornieren
Otkaži let!	Storniere den Flug!
пут *м*	Weg, Reise
Срећан пут!	Gute Reise!
раније	früher
резервисати	buchen
Резервиши лет!	Buch den Flug!

Serbisch	Deutsch
ставити	(hin)stellen, (hin)legen
Ставите овде торбу!	Stellen Sie die Tasche hier hin!
стићи	(an)kommen
Чим стигнем, ...	Sobald ich ankomme, ...
трајати	dauern
Колико траје лет?	Wie lange dauert der Flug?
трака *ф*	Band
укрцавање *н*	Einsteigen, Boarding
чим	sobald
човек *м*	Mensch
Где си, човече?	Mensch, wo bist du?

➲ Grammatik im Überblick

I. Nomen

Vokativ (vollständig)

Vokativ ist der Kasus der Anrede und des Zurufens. Ins Deutsche wird er mit dem Nominativ übersetzt, wobei vor die Anrede oft das Possessivpronomen *mein* bzw. *meine* gesetzt wird. Der Vokativ wird durch ein Komma von anderen Satzteilen getrennt.

Изволите, **господине**!	Bitteschön, (mein) Herr!
Ћао, **пријатељу**!	Hallo, (mein) Freund!
Како си, **Милице**?	Wie geht es dir, Milica?

	Singular		
M	доктор**е** пријатељ**у**	-е -у	Doktor Freund
F	госпођ**о** пријатељиц**е**	-о -е	Frau, Dame Freundin

→

Plural		
доктор**и** пријатељ**и**	-и -и	Doktoren Freunde
госпођ**е** пријатељиц**е**	-е -е	Frauen, Damen Freundinnen

Die Vokativ-Formen im Singular weisen folgende Endungen auf:

- Die meisten **Maskulina** bekommen die Endung -е; diejenigen Maskulina, die auf einen palatalen Konsonanten (ч, ћ, ц, ђ, ј, љ, њ ш oder ж) enden, bekommen die Endung -у.
- Die **Feminina**, die auf ein -a enden, erhalten die Endung -o, und diejenigen, die auf -ица enden, erhalten die Endung -е.
  Im **Plural** sind die Formen des Vokativs identisch mit den Formen des Nominativs.

Namen

männliche Namen	Стефан**е**, Марко, Холгер	**-е** -, -
weibliche Namen	Милиц**е** Сања, Штефи	**-е** -, -

- Männliche Namen, die auf einen Konsonanten enden, erhalten normalerweise die Endung -е; diejenigen, die auf einen Vokal enden, bleiben unverändert, was auch für ausländische Namen gilt.
- Bei weiblichen Namen auf -ица ändert sich die Endung -а zu -е. Die anderen Namen werden in der Regel nicht verändert.

2. Lautveränderungen

Palatalisierung: Vorgang, bei dem die **Velarlaute** к, г, х vor е zu den **Palatalen** ч, ж, ш verändert werden. Diese Veränderung tritt bei folgenden Formen auf:

- im Vokativ Singular der Maskulina: човек – човече • бог – боже • дух (Geist) – душе
- Bei einigen Wörtern wird auch der Laut с palatalisiert: стриц (Onkel) – стриче
- im Präsens einiger Verben auf -ћи: моћи: ја могу – он може

Sibilarisierung: Vorgang, bei dem die **Velarlaute** к, г, х vor и zu den **Sibilanten** (Zischlauten) ц, з, с verändert werden. Diese Veränderung kommt bei folgenden Formen vor:

- im Plural mehrsilbiger Maskulina: путник – путници. • излог (Schaufenster) – излози • орах (Walnuss) – ораси
- im Dativ/Lokativ Singular der Feminina: мајка – мајци

➲ Aufgaben

Arbeit im Unterricht

1. Sprechen Sie diese Leute an!

Ћао, …! Како си? / Добар дан, …! Како сте?

2. Spielen Sie Dialoge!

Person A
Sie sind der Mitarbeiter von *Air Serbia*. Sie melden sich am Telefon und geben Auskunft.

Person B
Sie rufen bei *Air Serbia* an, um sich nach einem bestimmten Flug zu erkundigen.

Arbeit für Selbstlerner

1. s. *Arbeit im Unterricht Nr. 1*

2. Schreiben Sie folgenden Dialog: Rufen Sie bei *Air Serbia* an, um sich nach einem Flug zu erkundigen.

➲ Landeskunde

Aerodrom Nikola Tesla (Nikola-Tesla-Flughafen): internationaler Flughafen der serbischen Hauptstadt Belgrad. Mit zwei Terminals befördert er jährlich über fünf Millionen Passagiere und ist damit der verkehrsreichste Flughafen in der Region. Im Jahr 2006 wurde der Flughafen nach dem serbischen Erfinder Nikola Tesla benannt.

Er Srbija (Air Serbia): die nationale Fluggesellschaft Serbiens und eine der ältesten Fluggesellschaften in Europa. Von ihren Heimatflughäfen in Belgrad, Niš und Kraljevo aus fliegt sie weltweit mehr als 70 Destinationen an. Als Ziele in deutschsprachigen Ländern werden Berlin, Düsseldorf, Frankfurt, Friedrichshafen, Frankfurt-Hahn, Hamburg, Hannover, Köln, Karlsruhe, Nürnberg, Stuttgart, Wien und Zürich bedient.

Landeskunde – Test 4

Welche Antwort ist richtig? Kreuzen Sie an!

1. **Wer hat das kyrillische Alphabet erfunden?**
   a) Kyrill von Saloniki b) Method von Saloniki c) Dafür gibt es keine Beweise.

2. **Wie nennt man das kyrillische Alphabet auf Serbisch?**
   a) kirilica b) ćirilica c) glagoljica

3. **Wie hieß ein serbischer Schriftsteller und Nobelpreisträger?**
   a) Emir Kusturica b) Vuk Stefanović Karadžić c) Ivo Andrić

4. **Was sind typische Bestandteile einer serbischen Volkstracht?**
   a) šajkača und opanci b) šajkača und truba c) šajkača und kolo

5. **Von welcher Parkanlage ist die Festung von Belgrad umgeben?**
   a) Tašmajdan b) Košutnjak c) Kalemegdan

6. **Welcher dieser weltberühmten Erfinder war serbischer Abstammung?**
   a) Thomas Alva Edison b) Nikola Tesla c) Igor Sikorski

7. **Zu welcher Religion bekennen sich die meisten Serben?**
   a) Protestantismus b) Katholizismus c) Orthodoxie

8. **Wann feiern die meisten Serben Weihnachten?**
   a) am 25. Dezember b) am 31. Dezember c) am 7. Januar

9. **Welches dieser Klöster befindet sich in Kosovo und Metochien?**
   a) Gračanica b) Studenica c) Sopoćani

10. **Nach wem wurde der Belgrader Flughafen benannt?**
    a) Novak Đoković b) Nikola Tesla c) Ivo Andrić

11. **Für welche Veranstaltung ist die Stadt Guča bekannt?**
    a) Trompetenfestival b) Filmfestival c) Weinfestival

Punkte: …….. / 11

Lösungsschlüssel

Lektion 1

Arbeit im Unterricht

1. A: Kako se zoveš? B: Ja se zovem (Ana), a ti? A: Ja sam (Jan).
2. Ja sam (Ana). Ovo je (Jan).

Arbeit für Selbstlerner

1. s. *Arbeit im Unterricht, Nr. 1*
2. s. *Arbeit im Unterricht, Nr. 2*

Lektion 2

Arbeit im Unterricht

1. (A: Ćao, Ana! Kako si? B: Hvala, dobro. Kako si ti? A: Nije loše.)
2. (jutro — jutra; dan — dani; žena — žene)

Arbeit für Selbstlerner

1. A: Ćao! Kako si? B: (Hvala, dobro.)
2. 1. A: dan B: dani — 2. A: tetka B: tetke — 3. A: žena B: žene — 4. A: jutro B: jutra — 5. A: momak B: momci

Lektion 3

Arbeit im Unterricht

1.

a) A: Ko je ovo? B: To je profesor Ilić. — b) A: Ko je ovo? B: To je mačak Đole. — c) A: Ko je ovo? B: To su Jovana i Nemanja. — d) A: Šta je ovo? B: To je kupatilo. — e) A: Šta je ovo? B: To je kuhinja. — f). A: Ko je ovo? B: To su Marko i Stanko. — g) A: Ko je ovo? B: To je Nole. — h) A: Šta je ovo? B: To je balkon.

2. (A: Gde je soba? B: Ovde. A: Dobro, a gde je kuhinja. B: Tamo desno.)

Arbeit für Selbstlerner

1. s. *Arbeit im Unterricht, Nr. 1*
2. Gde je soba? (Ovde.) Gde je kuhinja? (Tamo) Dobro, a gde je kupatilo? (Tamo levo.) (A: Gde je soba? B: Ovde. A: Dobro, a gde je kuhinja? B: Tamo desno.)

Arbeit für Selbstlerner

1. s. *Arbeit im Unterricht, Nr. 1*
2. Gde je soba? (Ovde.) Gde je kuhinja? (Tamo.) Dobro, a gde je kupatilo? (Tamo levo.)

Lektion 4

Arbeit im Unterricht

1.

a) A: Je li ovo Milica? B: Jeste. — b) A: Je li ovo tetka Vesna? B: Jeste. c) A: Jesu li ovo Ana i Nikola? B: Jesu. — d) A: Je li ovo čika Darko? B: Jeste. — e) A: Jesi li ovo ti? B: Jesam. — f) A: Jeste li ovo ti i Danilo? B: Jesmo. — g) A: Je li ovo tvoj sin? B: Jeste. — h) A: Je li ovo tvoja ćerka? B: Jeste.

2. A: Molim. B: Dobar dan. (Ana) ovde. Je li (Jan) kod kuće? B: Jeste. Samo trenutak.
   A: Hvala. Prijatno.

Arbeit für Selbstlerner

1. s. *Arbeit im Unterricht, Nr. 1*
2. Grüßen und stellen Sie sich vor: Dobar dan. (Ana) ovde.
   Fragen Sie nach der gewünschten Gesprächsperson: Je li (Jan) kod kuće?
   Bedanken und verabschieden Sie sich: Hvala. Prijatno.

Lektion 5

Arbeit im Unterricht

1.2 1. g; 2. h; 3. a; 4. f; 5. b; 6. d; 7c; 8 e

Arbeit für Selbstlerner

1.1 s. *Arbeit im Unterricht, Nr. 1. 2.*

1.2 A: Je li ovo tvoj mobilni? B: Nije. A: Nego čiji je? B: Holgerov. / Angelikin.

2. A: Je li ovo tvoja olovka? B: Nije. A: Nego čija je? B: (Anin.)

3. A: Je li ovo tvoj novčanik? B: Nije. A: Nego čiji je? B: (Klausov.)

4. A: Je li ovo tvoja torba? B: Nije. A: Nego čija je? B: (Martinina.)

5. A: Je li ovo tvoj punjač? B: Nije. A: Nego čiji je? B: (Filipov.)

Landeskunde – Test 1

1. c; 2. a; 3. c; 4. a; 5. b; 6. a; 7. b; 8. a; 9. c; 10. b; 11. c

Lektion 6

Arbeit im Unterricht

1. a) A: Hoćeš li kafu ili čaj? B: Hoću kafu. — b) A: Hoćeš li vodu ili sok? B: Hoću (sok). c) A: Hoćeš li vino ili pivo? B: Hoću (pivo). — d) A: Hoćeš li konjak ili rakiju? B: Hvala, (neću ništa).
4. A: Koji je tvoj broj telefona? B: Moj broj telefona je (0172 1552431), a tvoj? A: Moj broj (telefona) je (0177 2494810).

Arbeit für Selbstlerner

1. s. *Arbeit im Unterricht, Nr. 1.*

Lektion 7

Arbeit im Unterricht

2. (Koliko je osam plus pet? – Trinaest. • Koliko je deset plus pet? – Petnaest.)
3. 1. r; 2. g; 3. g; 4. g; 5. r; 6. r
4. (Ja ću vino. Šta ćeš ti? – Ja ću pivo. • Ja ću kajmak. Šta ćeš ti? – Ja ću ajvar.)

Arbeit für Selbstlerner

2. 1. Dvanaest. 2. Četrnaest. 3. Deset. 4. Šesnaest.
3. s. *Arbeit im Unterricht, Nr. 3.*
4. 1. Ja ću (čaj). — 2. Ja ću (vino). — 3. Ja ću (ražnjiće). — 4. Ja ću (ajvar).

Lektion 8

Arbeit im Unterricht

1. a) On pegla. — b) Ona kuva kafu. — c) Oni gledaju televiziju. — d) On čita knjigu. e) One slušaju muziku.
2. 1. A: Hoćemo li na piće? B: Kad? Sad? A: Ma ne. Uveče. B: Dobro, može.
   2. A: Hoćemo li na picu? B: Kad? Sad? A: Ma ne. Popodne. B: Dobro, može.
3. A: Hoćemo li na ćevape? B: Kad? Sad? A: Ma ne. Sutra. B: Dobro, može.
4. A: Hoćemo li u grad? B: Kad? Sad? A: Ma ne. Kasnije. B: Dobro, može.

Arbeit für Selbstlerner

1. s. *Arbeit im Unterricht, Nr. 1.*
2. (Hoćemo li na piće/kafu?)

Lektion 9

Arbeit im Unterricht

1. A: Jesi li za (sok)? B: (Hvala, može.)
3. A: Koji je danas dan? B: (Utorak). • A: A sutra? B: (Sreda). • A: A prekosutra? B: (Četvrtak).
4. 1. A: Jovana kaže da Zorica ide u Beč? B: Da, tačno. A: Pa kad putuje? B: U ponedeljak.
   2. A: Jovana kaže da ideš u Sofiju? B: Da, tačno. A: Pak kad putuješ? B: U četvrtak.
   3. A: Jovana kaže da idete u Budimpeštu? B: Da, tačno. A: Pak kad putujete? B: U subotu.
   4. A: Jovana kaže da Marko i Stanko idu u Istanbul? B: Da, tačno. A: Pa kad putuju? B: U sredu.

Arbeit für Selbstlerner

1. Jesi li za kafu? Hvala, može. Hoćeš li sok? Hvala, neću.
3. s. *Arbeit im Unterricht, Nr. 3.*
4. s. *Arbeit im Unterricht, Nr. 4.*

Lektion 10

Arbeit im Unterricht

2. A: Koji je glavni grad (Nemačke)? B: Berlin. • Koji je glavni grad (Srbije)? B: Beograd. • A: Koji je glavni grad (Japana)? B: Tokio.
3. A: Odakle je Klaus? B: Iz Nemačke. A: Iz kojeg grada? B: Iz (Minhena). • A: Odakle je Jens? B: Iz Austrije. A: Iz kojeg grada? B: Iz Beča. • A: Odakle je Žarko? B: Iz Srbije. A: Iz kojeg grada? B: Iz Niša. • A: Odakle je Akira? B: Iz Japana. A: Iz kojeg grada? B: Iz Osake. • A: Odakle je Đina? B: Iz Italije. A: Iz kojeg grada? B: Iz Rima. • A: Odakle je Tao? B: Iz Kine. A: Iz kojeg grada? B: Iz Pekinga.

Arbeit für Selbstlerner

2. Koji je glavni grad Nemačke? Berlin. Koji je glavni grad Mađarske? Budimpešta. Koji je glavni grad Italije? Rim. Koji je glavni grad Japana? Tokio.
3. s. *Arbeit im Unterricht, Nr. 3.*

Landeskunde – Test 2

1. b; 2. c; 3. a; 4. a; 5. b; 6. c; 7. b; 8. a; 9. b; 10. b; 11. c

Lektion 11

Arbeit im Unterricht

2. 1. Novak Đoković je Srbin. — 2. Rafael Nadal je Španac. — 3. Stefanos Cicipas je Grk. 4. Danil Medvedev je Rus. — 5. Aleksandar Zverev je Nemac. — 6. Rodžer Federer je Švajcarac.
3. 1. A: Govori li Štefi srpski? B: Da, pa njena majka je Srpkinja. — 2. A: Govori li Olga ruski? B: Da, pa njena majka je Ruskinja. — 3. A: Govori li Monika Italijanski? B: Da, pa njena majka je Italijanka. — 4. A: Govori li Stefan rumunski? B:Da, pa njegova majka je Rumunka. — 5. A: Govori li Mario mađarski? B: Da, pa njegova majka je Mađarica. 6. A: Govori li Hana nemački? B: Da, pa njena majka je Nemica.

5. (Imam 33 godine. Moj muž ima 35 godina. Moja majka ima 58 godina. Moj maternji jezik je srpski. Osim srpskog govorim engleski, nemački, italijanski i ruski.)

Arbeit für Selbstlerner

2. s. *Arbeit im Unterricht, Nr. 2*
3. s. *Arbeit im Unterricht, Nr. 3*
5. s. *Arbeit im Unterricht, Nr. 5*

Lektion 12

Arbeit im Unterricht

1.1 e) (Tačno je) pola jedanaest. — f) (Tačno je) osam. — g) (Tačno je) petnaest do jedan. h) (Tačno je) deset i dvadeset.

1.2 (A: Izvini, koliko je sati? B: Šest i petnaest.)

2. (Volim da jedem ribu, sir, jabuke i čokoladu. • Ne volim da jedem kobasicu i šniclu.)

   (Volim da pijem kafu, čaj i vino. • Ne volim da pijem mleko i pivo.)

4. A: Dobar dan, izvolite! B: Dobar dan! B: Molim kilo banana i dva kila jabuka. A: Želite li još nešto? B: Ne, hvala.

Arbeit für Selbstlerner

1.1 s. *Arbeit im Unterricht, Nr. 1.1*

1.2 Koliko je sada sati? (Tačno je pet.)

2. s. *Arbeit im Unterricht, Nr. 2*

4. (Molim kilo banana i dva kila jabuka.)

Lektion 13

Arbeit im Unterricht

2. a) A: Šta je Mihajlo po zanimanju? B: Fotograf. A: A gde živi? B: U Nišu.
   b) A: Šta je Stefan po zanimanju? B: Kuvar. A: A gde živi? B: U Beogradu.
   c) A: Šta je Hajke po zanimanju? B: Novinarka. A: A gde živi? B: U Berlinu.
   d) A: Šta je Imre po zanimanju? B: Apotekar. A: A gde živi? B: U Budimpešti.
   e) A: Šta je Markus po zanimanju? B: Konobar. A: A gde živi? B: U Austriji.
   f) A: Šta je Mišel po zanimanju? B: Pekar. A: A gde živi? B: U Francuskoj.
   g) A: Šta su Udo i Ute po zanimanju? B: Lekari. A: A gde žive? B: U Švajcarskoj.
   h) A: Šta su Ana i Đina po zanimanju? B: Prodavačice. A: A gde žive? B: U Italiji.
3. (Ja sam iz Novog Sada. Imam 43 godine. • Po zanimanju sam novinarka. • Živim i radim u Berlinu. • Govorim srpski, engleski, nemački, italijanski i ruski.)

Arbeit für Selbstlerner

2. s. *Arbeit im Unterricht, Nr. 2*
3. s. *Arbeit im Unterricht, Nr. 3*

Lektion 14

Arbeit im Unterricht / für Selbstlerner

1. Ne čuje, jer se tušira i peva. • Kad se vraćaš? • Moram da se brijem. • I ja moram da se šminkam.
   Pa tuširam se.
2. a) Ona se tušira. — b) On se umiva. — c) Ona se briše. — d) On pere zube. — e) Ona se šminka. — f) On se brije. — g) Ona se češlja. — h) On peva.
3. (Ja obično ustajem u 8 sati ujutru. Nakon toga perem zube, pa spremam kafu i doručak. Nakon toga idem na posao.)

Lektion 15

Arbeit im Unterricht

2.

1. A: Kakav je kolač? B: (Sladak.) — 2. A: Kakva je torta? B: (Slatka.) — 3. A: Kakva je šunka? B: (Slana.) — 4. A: Kakav je sir? B: (Slan.) — 5. A: Kakva je kobasica? B: (Ljuta.) 6. A: Kakav je jogurt? B: (Kiseo.) — 7. A: Kakvi su keksi? (B: Slatki.) — 8. A: Kakva je kafa? B: (Topla.) — 9. Kakva su jabuke? B: (Slatke.) — 10. A: Kakvo je pivo? B: (Hladno.) — 11. A: Kakva je riba? B: (Ukusna.) — 12. A: Kakvo je meso? B: (Ukusno.) —

13. A: Kakve su mandarine? B: (Kisele.) — 14. A: Kakav je čaj? B: (Vruć) — 15. Kakva je supa? (Ukusna.) — 16. A: Kakvo je grožđe? B: (Kiselo.) — 17. A: Kakva je paprika? B: Ljuta.

3. 1. k; 2. g; 3. g; 4. k; 5. k; 6. k; 7. k; 8. g
4. (A: Dobar dan, izvolite! B: Molim Vas jedan kapućino i sok od pomorandže. A: Odmah. Želite li nešto za jelo? B: Može, malo kanije.)
5. (A: Izvini, što kasnim. B: Ma nema problema.)

Arbeit für Selbstlerner

2. s. *Arbeit im Unterricht, Nr. 2*
3. s. *Arbeit im Unterricht, Nr. 3*
4. s. *Arbeit im Unterricht, Nr. 4*
5. (Izvini što kasnim.)

Landeskunde – Test 3

1. b; 2. b; 3. b; 4. c; 5. b; 6. b; 7. a; 8. a; 9. a; 10. a; 11. c

Zwischenlektion

2. 1. в; 2. а; 3. д; 4. б; 5. г; 6. ђ

Lektion 16

Arbeit im Unterricht

2. (А: Извините, могу ли да платим? Б: Само тренутак.)
   (Б: Је ли било све у реду. А: Јесте, све је било јако укусно. Б: 7200 Динара молим.
   А: Изволите и задржите кусур. Б: Хвала и пријатан дан желим. А: Такође.)
3. Је ли било све у реду? ● Јесте. Све је било јако укусно.
4. 1. Када си последњи пут био / била у ресторану? ● Пре пар дана. 2. Шта си наручио / наручила за јело? ● Наручила сам пљескавицу и шопску салату. 3. Шта си наручио / наручила за пиће? ● Наручила сам пиво. 4. Је ли јело било укусно. ● Да, било је јако укусно.

Arbeit für Selbstlerner

2. s. *Arbeit im Unterricht, Nr. 2*
3. s. *Arbeit im Unterricht, Nr. 3*
4. Када си последњи пут био/била у ресторану? (Јуче увече.)
   Шта си наручио за јело? (Шопску салату и крмпиту.)
   Шта си наручио за пиће? (Кафу и минералну.)
   Је ли јело било укусно? (Јесте. Било је јако укусно.)

Lektion 17

Arbeit im Unterricht

1. А: Извините, где је пекара? (Б: Жао ми је, нисам одавде.)
2. А: Извини, имаш ли цигарету? Б: На жалост, немам.
3. А: Извините, колико је сати? Б: Жао ми је, немам сат.
4. А: Извините, где се налази Кнез Михаилова улица. Б: На жалост, не знам.

Arbeit für Selbstlerner

1. s. *Arbeit im Unterricht, Nr. 1*

Lektion 18

Arbeit im Unterricht

1. а) Он слави рођендан. — б) Они славе Ускрс. — в) Они славе Божић. — г) Они славе Нову Годину.
2. А: Срећан рођендан! Б: Хвала ● Срећна Нова Година! Б: Хвала, такође. ● А: Срећан Божић!
   Б: Хвала, такође. ● А: Срећан Ускрс! Б: Хвала и теби.
3. 1. А: Желите ли кафу с млеком или кафу са шлагом? Б: С (млеком). 2. А: Желите ли чај с румом или чај с лимуном? Б: С (лимуном). 3. А: Желите ли крофну с мармеладом или крофну с чоколадом? Б: С (чоколадом). 4. Желите ли торту с малинама или торту с јагодама?
   Б: С (малинама).
4. а) Он се пробудио у 7. Она се пробудила у 8. — б) Он се туширао. Она се купала.
   в) Он се бријао. Она се чешљала. — г) Он се љутио. Она се смејала.

Arbeit für Selbstlerner

1. s. *Arbeit im Unterricht, Nr. 1*
2. s. *Arbeit im Unterricht, Nr. 2*
3. s. *Arbeit im Unterricht, Nr. 3*
4. s. *Arbeit im Unterricht, Nr. 4*

Lektion 19

Arbeit im Unterricht

1. а) Он свира фрулу. — б) Она свира трубу. — в) Он свира хармонику. — г) Она свира гитару. — д) Он свира клавир.
   (Не свирам ни један инструмент. Највише волим гитару.)
2. а) (А: Вечерас идем у биоскоп. Хоћеш ли са мном? Б: Супер, хоћу. Кад се видимо?)
   b) (А: Холгер и ја сутра идемо у позориште. Хоћеш ли с нама? Б: На жалост, не могу. У суботу радим.)
3. Можеш ли / Можете ли у понедељак у петнаест сати? (– У реду. То ми одговара.)
   Можеш ли / Можете ли у среду у десет сати? (– У реду. То ми одговара.)
   Можеш ли / Можете ли данас у седамнаест сати? (– То ми, на жалост не одговара.)
   Можеш ли / Можете ли сутра у дванаест сати и петнаест минута? (– У реду. То ми одговара.)
   Можеш ли / Можете ли у уторсет? (– То ми, на жалост не одговара.)
   Можеш ли / Можете ли прекосутра у 8 сати увече? (– У реду. То ми одговара.)
4. (На посао идем колима или трамвајем. На одмор обично идем авионом. На одмор обично идем с пријатељима.)

Arbeit für Selbstlerner

1. *s. Arbeit im Unterricht, Nr. 1*
2. Вечерас идем у биоскоп. Хоћеш ли са мном? (Супер, хоћу. Кад се видимо?)
   Холгер и ја сутра идемо у позориште. Хоћеш ли с нама? (На жалост, не могу. У суботу радим.)
3. Можеш ли у понедељак у 15 сати? (– У реду. То ми одговара.)
   Можеш ли у среду у 10 сати? (– То ми, на жалост не одговара.)
   Можеш ли данас у 17 сати? (– То ми, на жалост не одговара.)
4. *s. Arbeit im Unterricht, Nr. 4*

Lektion 20

Arbeit im Unterricht

1. а) (Ћао, Марко! Како си?) — б) (Ћао, Филипе! Како си?) — в) (Добар дан, Ана! Како сте?) — г) Ћао, Зорице! Како си? — д) Добар дан, професоре! Како сте? — ђ) Ћао, Новаче! Како си? — е) Добар дан, господине Петровићу! Како сте? — ж) Добар дан, госпођо Марковић! Како сте?

2. (А: Ер Србија. Добар дан, изволите! Б: Добар дан, Милан Арсић код телефона. Занима ме којим данима лети авион за Њу Јорк. А: Понедељком, четвртком и суботом. Б: У колико сати? А: Понедељком у 7. 50, а четвртком и петком у 13. 15. Б: Хвала, пријатно. А: Молим.)

Arbeit für Selbstlerner

1. s. *Arbeit im Unterricht, Nr. 1*
2. s. *Arbeit im Unterricht, Nr. 2*

Landeskunde – Test 4

1. c; 2. b; 3. c; 4. a; 5. c; 6. b; 7. c; 8. c, 9. a; 10. b; 11. a

Vokabelverzeichnis Serbisch – Deutsch

A

a	und, aber
aerodrom *m*	Flughafen
agencija *f*	Agentur
ajvar *m*	Aufstrich aus Paprika
ako	wenn, falls
ali	aber, jedoch
aman	ach
aparat *m*	Apparat
aparat za brijanje *m*	Rasierapparat
apotekar *m*, apotekarka *f*	Apotheker, -in
arhitektura *f*	Architektur
atom *m*	Atom
auto *m*	Auto
autobus *m*	Autobus
autonoman, -mna, -mno	autonom
avion *m*	Flugzeug

B

baba *f*	Oma
balkon *m*	Balkon
banana *f*	Banane
baš	gerade, echt, direkt
beo, -la, -lo	weiß
bez + *Gen.*	ohne
biber *m*	Pfeffer
bicikl *m*	Fahrrad
bioskop *m*	Kino
biti (sam)	sein
blagajna *f*	Kasse
bog *m*	Gott
Bogorodica *f*	Mutter Gottes
bombona *f*	Bonbon
boravak *m*	Aufenthalt
Božić *m*	Weihnachten
brašno *n*	Mehl
brat *m*	Bruder
bre	hey
brijati se (bri**jem** se)	sich rasieren
brinuti (brin**em**)	sich Sorgen machen
brisati se (briš**em** se)	sich abtrocknen
broj *m*	Nummer *f*

broj telefona *m*	Telefonnummer
burek *m*	Börek
butik *f*	Boutique

C

centar *m*	Zentrum
centralni, -a, -o	zentral
cigareta *f*	Zigarette
cimer m, cimerka *f*	Mitbewohner, -in
cipela *f*	Schuh
crkva *f*	Kirche

Č

čaj *m*	Tee
čaj od kamilice *m*	Kamillentee
čaša *f*	Glas
ček in	Kamm
ček in šalter *m*	Check-in
češalj *m*	Check-in-Schalter
češljati se (češlj**am** se)	sich kämmen
četkica *f Dim. von* četka *f*	Bürstchen
četkica za zube *f*	Zahnbürste
četvrtak *m*	Donnerstag
čiji, čija, čije	wessen
čika *m*	Onkel
čim	sobald
čitati (čit**am**)	lesen
čokolada *f*	Schokolade
čorba f	Suppe
čovek *m*	Mensch
čuti (ču**jem**)	hören

Ć

ćao	hallo, tschüss
ćerka *f*	Tochter
ćevapi (ćevapčići) *m Pl.*	Hackfleischröllchen
ćirilica *f*	kyrillische Schrift
ćup *m*	Krug, Topf
ćutati (ćut**im**)	schweigen, still sein

D

da	ja, dass
dan *m*	Tag
danas	heute
deda *m*	Opa

desert *m*	Nachtisch
desno	rechts
dete *n*	Kind
devojka *f*	Mädchen, Freundin
dinar *m*	Dinar (Währung)
dob *f*	Alter
dobar, -bra, -bro	gut
dobro	okay, gut
doći (dođ**em**)	kommen
dodatak *m*	Ergänzung
doktor *m*, doktorka *f*	Doktor, -in
doviđenja	auf Wiedersehen
dragi, -a, -o	lieber, liebe, liebes
drago	lieb, angenehm
drug *m*, drugarica *f*	Freund, -in
država *f*	Staat
dugo	lange
duh *m*	Geist
dvor *m*	Hof, Schloss

DŽ

džezer *m*	Jazzmusiker
džezva	Kaffeekanne

Đ

đak *m*	Schüler

E

ekonomija *f*	Volkswirtschaft
evo	hier, da

F

fantastičan, -čna, -čno	fantastisch
film *m*	Film
flaša *f*	Flasche
fotelja *f*	Sessel
fotograf *m*, fotografkinja *f*	Fotograf, -in
frula *f*	Flöte
fudbaler *m*, fudbalerka *f*	Fußballspieler, -in

G

galerija *f*	Galerie
gde	wo
geografija *f*	Geographie
gitara *f*	Gitarre

gladan, -dna, -dno	hungrig
glavni, -a, -o	Haupt-
glavni grad *m*	Hauptstadt
gledati (gled**am**)	schauen, (an)sehen
glupost *f*	Dummheit
godina *f*	Jahr
gospodin *m*, gospođa *f*	Herr, Frau
gost *m*, gošća *f*	Gast
gotov, a, o	fertig
govoriti (govor**im**)	sprechen, reden
grad *m*	Stadt
gram *m*	Gramm
grožđe *n*	Traube

H

hajde	los, auf gehts
hala *f*	Halle
harmonika *f*	Harmonika
hemija *f*	Chemie
hladan, -dna, -dno	kalt
hleb *m*	Gang
hobi *m*	Hobby
hodnik	Brot
hotel *m*	Hotel
hrast *m*	Eiche
hteti (hoću)	wollen, Konj. II von mögen.
hvala	danke

I

i	und
ići	gehen, laufen
igra *f*	Spiel
igrati	tanzen, spielen
imati (im**am**)	haben
ime *n*	Name
informatika *f*	Informatik
informatičar *m*, informatičarka *f*	Informatiker, -in
interesantan, -tna, -tno	interessant
internet *m*	Internet
istorija *f*	Geschichte
iz + *Gen.*	aus
izaći (izađ**em**)	hinaus-, herausgehen
izgovor *m*	Aussprache
izlaz *m*	Ausgang
izlet *m*	Ausflug

izlog *m*	Schaufenster
izviniti (izvin**im**)	entschuldigen
izvoleti (izvol**im**)	bitten

J

ja	ich
jabuka *f*	Apfel
jagoda *f*	Erdbeere
jaje *n*	Ei
jako	sehr
jao	ach
javiti se (jav**im** se)	sich melden
jedan, jedna, jedno	ein, -e
jelen *m*	Hirsch
jelo *n*	Speise
jer	denn, weil
jesti (jed**em**)	essen
jezik *m*	Sprache
jogurt *m*	Joghurt
juče	gestern
jutro *n*	Morgen

K

kad(a)	wann
kačkavalj *m*	eine Käsesorte
kafa *f*	Kaffee
kafana *f*	serbisches Gasthaus
kafić *m*	Café
kajmak *m*	eine Art Sauerrahm
kakav, kakva, kakvo	was für ein, -e
kako	wie
kamilica *f*	Kamille
kapućino *m*	Cappuccino
kasnije	nachher, später
kasniti (kasn**im**)	sich verspäten
kašika *f*	Löffel
karmin *m*	Lippenstift
karta *f*	Karte
kupiti (kup**im**)	kaufen
kazati (kaž**em**)	sagen
keks *m*	Keks
kifla *f*	Hörnchen
kilogram *m*	Kilogramm
kilo *n ugs.*	Kilo
kiseo, -ela, - elo	sauer

kiselo mleko *n*	Dickmilch
kisela voda *f*	Mineralwasser
klavir *m*	Klavier
ključ *m*	Schlüssel
knez *m*, kneginja *f*	Fürst, -in
knjiga *f*	Buch
knjižara *f*	Buchhandlung
ko	wer
kobasica *f*	Wurst
kod + *Gen.*	bei, zu
koji, koja, koje	welcher, -e, -es
kola *n Pl.*	Auto
kolač *m*	Kuchen
kolač od sira *m*	Käsekuchen
kolega *m*, koleginica *f*	Kollege, -in
koliko	wie viel
koliko dugo	wie lange
kolo *n*	Reigentanz
konačno	endlich
koncert *m*	Konzert
konobar *m*, konobarica *f*	Kellner, -in
konjak *m*	Cognac
kosa *f*	Haar
kraj + *Gen.*	neben
krem *m*	Creme
krempita *f*	Cremeschnitte
krofna *f*	Berliner, Krapfen
krompir *m*	Kartoffel
kucati (kuc**am**)	(an)klopfen
kuća *f*	Haus
kud(a)	wohin
kuhinja *f*	Küche
kulen *m*	eine Wurstsorte
kupati se (kup**am** se)	baden
kupatilo *n*	Badezimmer
kusur *m*	Rest, Rückgeld
kuvar *m*, kuvarica *f*	Koch, Köchin
kuvati (ja kuv**am**)	kochen
kviz *m*	Quiz

L

lak, -a, -o	leicht
laptop *m*	Laptop
latinica *f*	lateinische Schrift
lekar *m*, lekarka *f*	Arzt, Ärztin

lep, -a, -o	schön
lešnik *m*	Haselnuss
let *m*	Flug
leteti (let**im**)	fliegen
levo	links
limun *m*	Zitrone
litar *m*	Liter
loše	schlecht
luk *m*	Zwiebel
lutka *f*	Puppe

LJ

ljubav *f*	Liebe
ljudi *Pl.*	Leute, Menschen
ljut, -a, -o	scharf, verärgert
ljutiti se (ljut**im** se)	sich ärgern

M

mačak *m*, mačka *f*	Kater, Katze
maj *m*	Mai
majka *f*	Mutter
mali, -a, -o	klein
malo	ein wenig
malina *f*	Himbeere
mama *f*	Mama
manastir *m*	Kloster
mandarina *f*	Mandarine
marmelada *f*	Marmelade
matematika *f*	Mathematik
maternji, -a, -e	Mutter-
maternji jezik *m*	Muttersprache
medeni, -a, -o	aus Honig
medeni mesec *m*	Flitterwochen
medicina *f*	Medizin
mesec *m*	Monat
mesara *f*	Metzgerei
meso *n*	Fleisch
mesto *n*	Platz, Ort
mesto stanovanja *n*	Wohnort
metro *m*	U-Bahn
mi	wir
minut *m*	Minute
mladić *m*	junger Mann
mleko *n*	Milch
mobilni, -a, -o	mobil, beweglich

mobilni (Telefon)	Handy
moći (mogu)	können
moj, moja, moje	mein, -e
moliti (mol**im**)	bitten
momak *m*	Junge, Freund
momenat *m*	Moment
mnogo	viel, sehr
morati (mor**am**)	müssen
more *n*	Meer
motor *m*	Motor
možda	vielleicht
muzej *m*	Museum
muzika *f*	Musik
muž *m*	Mann, Ehemann

N

na + *Lok. / Akk.*	an, auf
nacionalnost *f*	Nationalität
naći (nađ**em**)	finden
nalaziti se (nalaz**im** se)	sich befinden
namera *f*	Absicht
napisati (napiš**em**)	(auf)schreiben
narodni, -a, -o	Volks-
narodna nošnja *f*	Volkstracht
naručiti (naruč)	bestellen
naš, naša, naše	unser, -e
natrag	zurück
navratiti (navrat**im**)	vorbeikommen
nazdraviti (nazdrav**im**)	zuprosten
ne	nein
nedelja *f*	Sonntag, Woche
nego	sondern, übrigens
nemati (nem**am**)	nicht haben
nešto	etwas
netačno	falsch
nigde	nirgendwo
ništa	nichts
noć *f*	Nacht
noćni, -a, -o	Nacht-
noćna smena *f*	Nachtschicht
nos *m*	Nase
nositi (nos**im**)	tragen
nositi masku	eine Maske tragen
nošnja *f*	Tracht
novi, -a, -o	neu

Nova Godina *f*	Neues Jahr
novac *m*	Geld
novčanik *m*	Geldbeutel
novinar m, novinarka *f*	Journalist, -in
novine *f Pl.*	Zeitung
nož *m*	Messer

NJ

njegov, njegova, njegovo	sein, -e
njen, njena, njeno	ihr, -e
njihov, njihova, njihovo	ihr, -e
njiva *f*	Feld, Acker
njuška *f*	Schnauze

O

obaviti (obav**im**)	erledigen
obaviti ček in	einchecken
običan, -čna, -čno	gewöhnlich
običan dan m	gewöhnlicher Tag
oblačiti se (oblač**im** se)	sich anziehen
obući (obuč**em**)	(an)kleiden
od + *Gen.*	aus, von, ab
odakle	woher
odgovarati (odgovar**am**)	passen
odličan, -čna, -čno	sofort
odmah	ausgezeichnet
oko *n*	Auge
olovka *f*	Bleistift
on, ona, ono	er, sie, es
onda	dann
oni, one	sie (Pl.)
oprostiti (oprost**im**)	verzeihen, vergeben
orah *m*	Walnuss
ostati (ostan**em**)	bleiben
otac *m*	Vater
otići (od**em**)	weggehen, abfahren
otkazati (otkaž**em**)	Flug stornieren
otkazati let	aufmachen
otvoriti (otvor**im**)	absagen, stornieren
ovaj, ova, ovo	der, die, das; dieser, diese, dieses hier, da

P

pa	und, doch
papir *m*	Papier
paprika *f*	Paprika

paradajz *m*	Tomate
parče *n*	Stück
pas *m*	Hund
pasoš *m*	Reisepass
pasta *f*	Paste
pasta za zube *f*	Zahnpaste
pasulj *m*	Bohnen
patrijaršija *f*	Patriarchensitz
pauza *f*	Pause
peglati (pegl**am**)	bügeln
pekar *m*, pekarka *f*	Bäcker, -in
pekara *f*	Bäckerei
pesma *f*	Lied
peške	zu Fuß
peškir *m*	Handtuch
petak *m*	Freitag
pevati (pev**am**)	singen
pica *f*	Pizza
piće *n*	Getränk
pijaca *f*	Marktplatz
pilot *m*	Pilot, -in
pisati (piš**em**)	schreiben
pismo *n*	Schrift, Brief
pitati (pit**am**)	fragen
piti (pij**em**)	trinken
pivo *n*	Bier
platiti (plat**im**)	bezahlen
pljeskavica f	Hackbraten
po + *Lok. / Akk.*	an, durch, nach
početak *m*	Beginn, Anfang
početi (počn**em**)	beginnen, anfangen
pogrešan, -šna, -šno	falsch
poklon *m*	Geschenk
pokloniti (poklon**im**)	schenken
pokrajina *f*	Provinz
pomoći (pomogn**em**)	helfen
pomorandža *f*	Orange
ponedeljak *m*	Montag
popodne	nachmittags
poreklo *n*	Abstammung
poruka *f*	Nachricht
posebno	besonders
poseta *f*	Besuch
poslastičarnica *f*	Konditorei
poslati (pošalj**em**)	(ab)schicken

posle	nachher, später
poslednji, -a, -e	letzter, letzte, letztes
posuda *f*	Behälter, Dose
posuđe *n*	Geschirr
povrće *n*	Gemüse
pozdrav *m*	Gruß
pozdraviti	grüßen
poznati (pozn**am**)	kennen
pozorište *n*	Theater
prati (per**em**)	waschen
prati zube (per**em** zube)	Zähne putzen
prati se (per**em** se)	sich waschen
prodavač *m*, prodavačica *f*	Verkäufer, -in
prava *n Pl.*	Rechtswissenschaft
praznik *m*	Feiertag
preko + *Gen.*	über, durch
prekosutra	übermorgen
prelepo	wunderschön
prezime *n*	Nachname
prezivati se (preziv**am** se)	heißen
pričati (prič**am**)	erzählen, reden
prijatelj *m*, prijateljica *f*	Freund, -in
prijatan, -tna, -tno	angenehm
prijatno	guten Appetit
privatan, -tna, -tno	privat
problem *m*	Problem
probuditi se (probud**im** se)	aufwachen
prodavnica *f*	Laden
profesor *m*, profesorka *f*	eine Rebsorte
prokupac *m*	Professor, -in
prozor *m*	Fenster
prvi, -a, -o	erster, -e, -es
punjač *m*	Ladegerät
pušiti (puš**im**)	rauchen
put *m*	Mal, Weg, Reise
putem + *Gen*	über, mittels
puter *m*	Butter
putnički, -a, -o	Reise-
putnička agencija *f*	Reisebüro
putnik m, putnica *f*	Passagier, -in
putovati (putuj**em**)	reisen

R

račun *m*	Rechnung
radio *m*	Radio

raditi (rad**im**)	machen, arbeiten
radni, -a, -o	Arbeits-
radni dan *m*	Arbeitstag
rado	gerne
rakija *f*	Schnaps
ranije	früher
ražnjići *m Pl.*	Fleischspieße
recepcioner *m*, recepcionerka *f*	Rezeptionist, in
red *m*	Ordnung, Reihe
republika *f*	Republik
restoran *m*	Restaurant
rezervisan, -a, -o	reserviert
rezervisati (rezerviš**em**)	reservieren
riba *f*	Fisch
riblji, -a, -e	Fisch-
riblja čorba *f*	Fischsuppe
roditelji *m, Pl.*	Eltern
rodni, -a, -o	Geburts-
rodno mesto *n*	Geburtsort
rođak *m*, rođaka *f*	Verwandter, -e
rođen, -a, -o	geboren
rođendan *m*	Geburtstag
rođendanski, -a, -o	Geburtstags-
ručak *m*	Mittagessen
ručati (ruč**am**)	zu Mittag essen
ruka *f*	Arm
rum *m*	Rum
ruža *f*	Rose
ružan, -žna, -žno	hässlich

S

s(a)	aus, von, mit
sad(a)	jetzt
saksofon *m*	Saxofon
saksofonista *m* saksofonistkinja *f*	Saxofonspieler, in
salata *f*	Salat
sam, -a, -o	alleine
samo	nur
sapun *m*	Seife
sasvim	ganz
sat *m*	Uhr, Stunde
sećati se (seć**am** se)	sich erinnern an
sedeti (sed**im**)	sitzen
selo *n*	Dorf
sendvič *m*	belegtes Brot

sestra *f*	Schwester
sin *m*	Sohn
sir *m*	Käse
sit, -a, -o	satt
slava *f*	serb. Familienfest
slaviti (slav**im**)	feiern
sladak, -tka, -tko	süß
sladoled *m*	Eiscreme
slan, -a, -o	gesalzen
slika *f*	Bild, ugs. Foto
slikati (slik**am**)	ugs. fotografieren
slobodan, -dna, -dno	frei
slušati (sluš**am**)	hören, zuhören
smejati se (sme**jem** se)	lachen
smena *f*	Schicht
smer *m*	Richtung
so *f*	Salz
sok *m*	Fruchtsaft
sok od pomorandže *m*	Orangensaft
soba *f*	Zimmer
somun *m*	eine Art Fladenbrot
spavati (spav**am**)	schlafen
sprat *m*	Stock
spremati (sprem**am**)	zubereiten
srećan, -ćna, -ćno	glücklich, froh
sreda *f*	Mittwoch
sresti (sretn**em**)	treffen
stalno	ständig, dauernd
stan *m*	Wohnung
stanica *f*	Haltestelle, Station
stanovati (stanu**jem**)	wohnen
stići (stign**em**)	(an)kommen
stjuard *m*, stjuardesa *f*	Flugbegleiter, -in
sto *m*	Tisch
stolica *f*	Stuhl
stric *m*, strina *f*	Onkel, Tante
struja *f*	Strom
student *m*, studentkinja *f*	Student, -in
studirati (studir**am**)	studieren
stup *m*	Säule
stvarno	wirklich
subota *f*	Samstag
supa *f*	Suppe
super	super, perfekt
sused, suseda	Nachbar, -in

susret *m*	Treffen
sutra	morgen
svadba *f*	Hochzeit, Hochzeitsfest
svađati se (svađ**am** se)	streiten
svašta	alles Mögliche
sve	alles
svejedno	trotzdem, egal
svet, -a, -o	heilig
sviđati se (svađ**am** se)	gefallen
svirač *m*, sviračica *f*	Musikant, in
svirati (svir**am**)	spielen, musizieren

Š

šah *m*	Schach
šalter *m*	Schalter
šampon (za kosu) *m*	Shampoo
šećer *m*	Zucker
šef *m*, šefica *f*	Chef, -in
šešir *m*	Hut
školski, -a, -o	Schul-
školska drugarica	Schulfreundin
šlag *m*	Schlagsahne
šminkati se (šmink**am** se)	sich schminken
šnicla *f*	Schnitzel
šolja *f*	Tasse
šta	was
štrudla *f*	Strudel
štrudla od jabuka *f*	Apfelstrudel
šunka *f*	Schinken

T

tačno	richtig, genau
tako	so
takođe	gleichfalls, auch
tamo	dort, da
tanjir *m*	Teller
tata *m*	Papa
telefon *m*	Telefon
televizija *f*	Fernsehen
tenis	Tennis
teniski, -a, -o	Tennis-
teniski centar *m*	Tenniszentrum
tetak *m*, tetka *f*	Onkel, Tante
ti	du
to	das, dieses

topao, -pla, -plo	warm
torba *f*	Tasche
torta *f*	Torte
trajati (traj**em**)	dauern
traka *f*	Band
tramvaj *m*	Tram
trebati	sollen, brauchen
trenutak *m*	Augenblick
trg *m*	Platz
truba *f*	Trompete
tržni, -a, -o	Einkaufs-
tu	hier, da
tuširati se (tušir**am** se)	sich duschen
tvit *m*	Tweet
tvoj, tvoja, tvoje	dein, -e

U

u + *Lok. / Akk.*	in, nach, zu
učiti (uč**im**)	lernen
ući (uđ**em**)	hinein-, hereingehen
ujutru	morgens, am Morgen
ukrcavanje *n*	Einsteigen, Boarding
ukusan, -a, -o	lecker, köstlich
ulica *f*	Straße
ulje *n*	Öl
umivati se (umiv**am** se)	sich das Gesicht waschen
univerzitet *m*	Universität
Uskrs *m*	Ostern
utorak *m*	Dienstag
uveče	abends, am Abend
uvek	immer
uvo *n*	Ohr

V

valjda	wahrscheinlich
vanila *f*	Vanille
vaš, vaša, vaše; Vaš, Vaša, Vaše	euer, -e; Ihr, -e
vata *f*	Watte
važiti (važ**im**)	gelten
veče *n*	Abend
već	schon
velik, -a, -o	groß
venac *m*	Kranz
vi, Vi	ihr, Sie
videti (vid**im**)	sehen

vikati (vič**em**)	schreien
vikend *m*	Wochenende
viljuška *f*	Gabel
vino *n*	Wein
violina *f*	Geige
voće *n*	Obst
voćni, -a, -o	Obst-
voda *f*	Wasser
voleti (vol**im**)	lieben
voz *m*	Zug
vraćati se	zurückkommen
vrata *n, Pl.*	Tür
vreme *n*	Zeit, Wetter
vrlo	sehr
vruć, -a, -e	heiß

Z

za + *Akk.*	für
zadržati (zadrž**im**)	(bei)behalten
zanimanje *n*	Beruf
zato	darum, daher
zavisiti (zavis**im**)	abhängen
zdravo	hallo, tschüss
zmaj *m*	Drache
znati (zn**am**)	wissen
zub *m*	Zahn
zvati se (zov**em** se)	heißen
zvezda *f*	Stern

Ž

žalost	Leid, Trauer
žao	leid
žedan, -dna, -dno	durstig
želeti (žel**im**)	wünschen
železnički, -a, -o	Eisenbahn-
živeti (živ**im**)	leben
žena *f*	Frau, Ehefrau
živ, -a, -o	lebend, lebendig
živeti (živ**im**)	leben
živeli	Prost, zum Wohl
žuriti (žur**im**)	eilen, hasten
žurka *f*	Party

Spielerisch Russisch lernen…
… mit unserem Lehrwerk «Davaj pogovorim!»

Bei diesem Lehrwerk (A1-B1) sind Sie sofort mit allem Nötigen ausgestattet und brauchen außer den separat erhältlichen Audios mit Aufnahmen von MuttersprachlerInnen nichts weiter zu besorgen! Der neuartige zweibändige Kompaktkurs ist Lehr- und Übungsbuch zugleich und verfügt über eine Grundgrammatik, ein Gesamtvokabular und Lösungen.

Sobald durch das Erlernen der Buchstaben und Laute ein idealer Einstieg gewährleistet ist, folgen insgesamt zwanzig Lektionen. Jede von ihnen erklärt prägnant die notwendige Grammatik und bietet diverse kurzweilige Texte in Form von Dialogen, Erzählungen, Gedichten etc. an, die nicht nur die zu erlernenden Vokabeln und grammatischen Strukturen in realistische Sprachsituationen einbetten, sondern zugleich ein Gefühl für den Klang und Rhythmus des Russischen fördern.

Jedem Text folgen ausgewogene Übungen zu Lexik und Grammatik, die nach dem Spiralprinzip aufgebaut sind: Bekanntes wird stetig wieder aufgegriffen, Neues kommt Schritt für Schritt hinzu.

Originelle, didaktisch verwertbare Illustrationen runden das zweifarbige Lehrwerk perfekt ab.

Anna Shibarova / Alexander Yarin:
Davaj pogovorim!
Russisch für Anfänger und Fortgeschrittene

Bd. 1, A1-A2 - Lehr- u. Übungsbuch
386 Seiten, ISBN 3-89657-950-9, 39,80 EUR

Bd. 2, A2-B1 - Lehr- u. Übungsbuch
336 Seiten, ISBN 3-89657-951-7, 43,80 EUR

MP3-Downloads zu beziehen über www.schmetterling-verlag.de
Band 1: ISBN 3-89657-952-5, 10,00 EUR
Band 2: ISBN 3-89657-953-3, 12,00 EUR

Die ideale Ergänzung zum Lehrwerk!

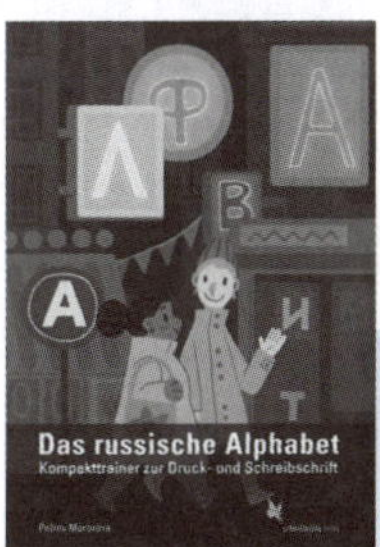

Polina Morozova
Das russische Alphabet
Kompakttrainer zur Druck- und Schreibschrift
116 Seiten, ISBN 3-89657-957-6, 13,80 EUR

Dieser neuartige, humorvoll illustrierte Kompakttrainer eignet sich sowohl für eine erste Bekanntschaft mit kyrillischen Buchstaben und den Grundlagen russischer Handschrift als auch zur Festigung bzw. Auffrischung einst erworbener Kenntnisse.

Reihe «Sprachen für Besserwisser»

SprachliebhaberInnen, die ihren Kenntnissen einen gewitzten Schliff verleihen wollen und Interesse an Insidern haben, sind hier goldrichtig. Sie unternehmen eine heitere Sprachreise durch die Geheimnisse, typische Fehler und kulturelle Besonderheiten ganzer sechs Sprachen:

Nähere Informationen unter:

www.schmetterling-verlag.de